CIA探員教你培養高應變力的孩子

獨立機智、溝通自保、快樂自信是孩子一生受用的至寶

克莉絲緹娜・希爾斯伯格（Christina Hillsberg）
萊恩・希爾斯伯格（Ryan Hillsberg）
著

推薦序

工作心得也是育兒經的寶藏

吳毓瑩／國立台北教育大學心理與諮商學系教授
台灣阿德勒心理學會前理事長、監事

想像一下，帥帥的龐德打擊世界等級壞蛋——看電影時總是好過癮，可是散場後，從雲端的超現實跌回真現實，還是得回到職場勤奮工作，或是回到家裡教養孩子。真想叫龐德也來養個孩子看看，還能這樣火力強大、敏捷、帥帥嗎？

我的願望實現了。

這本書就是要讓你知道帥帥的龐德與其夫人——亦即本書作者希爾斯伯格夫婦——真的可以脫下戰袍教養孩子。我在讀這本經過美國中情局出版物審查委員會核可的育兒指南時，真的覺得好精彩。父母與孩子之間的演練、對話，與中情局幹員的訓練如出一轍，解決困境、準備生命急救包……一幕幕就在眼前上演。最後闔上書本，不禁佩服中情局訓練出來的這對父母，果真把工作所得發揮在教養上。

中情局那一套，真的可以用嗎？還是他們只是在利用一般大眾對於中情局的神祕與好奇？這時，一個憤世嫉俗想法可能出來了——畢竟龐德們是經過訓練的，就算他們那一套管用，我又不是中情局出身，說的是華人語言，受的是華人文化，能學到什麼？或者，這又是一本外國月亮比較圓的教養書罷了？

以上問題問得非常好。

其實整本書最讓我欣賞的，也是我答應寫推薦文的理由，遠遠和美國的教育環境、CIA的訓練無關，更別談好萊塢電影情節了。我與吳淑禎合作編輯《阿德勒愛與引導在教育的實踐：十二個幫助孩子發展歸屬、信心、與貢獻的教育現場故事》一書時就看穿了這個祕密。阿德勒於一九一一年創立個體心理學，至今逾百年，強調人之五項生命任務，我用下圖的油桐花瓣來表現之。

工作與能力

情誼與合作

靈性與超越

社群情懷

自我與照顧

伴侶與親密

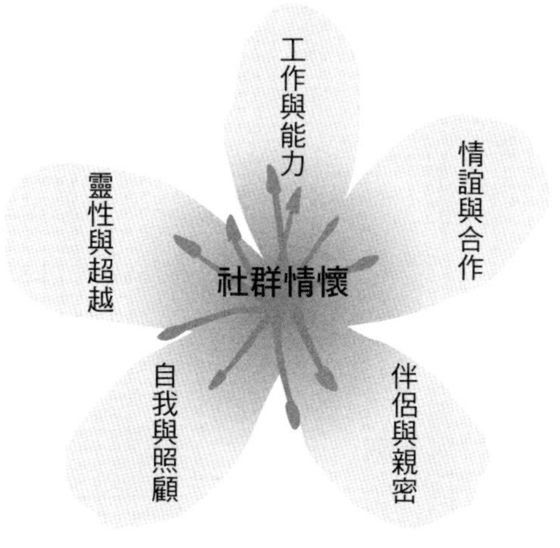

油桐花的使命在於繁衍，五花瓣上整合出人類五項生命任務，亦是人類文化的傳承，也道盡克莉絲緹娜與萊恩夫婦的教養方法，其核心是社群情懷（community feelings）。以下我把重點放在「工作與能力」來說明，繼而是「情誼與合作」，最後集中在核心目的——社群情懷。

克莉絲緹娜與萊恩克盡職守，就如同你我一樣。不要以為工作與家庭是兩回事，工作所訓練出來的能力，一樣可以運用在教養兒女上，因為好的能力是共同的、是貫穿的。也許你要問，全職媽媽沒在賺錢，所以她們沒有教養能力嗎？阿德勒曾說，工作指的是人類文明進展過程中所做的事，而不是社會上賺取薪水的一份職業。全職媽媽兼具理性與感性，如八爪章魚般面面顧及，全然就是家庭公司之CEO；更有經理人市場調查發現，經歷過養兒育女洗禮的媽媽，往往是更好的經理人選。

換言之，讀完這本書，除了欣賞中情局的訓練之外，也不要妄自菲薄。雖然他們所強調的那一套，你不一定學得來。然而，請回眸注視自己在工作上的發揮，請仔細想一想，你的工作能力同樣也能夠展現在教養上。不要以為他們能，自己只是普通小人物又能如何？

請勿只是羨慕克莉絲緹娜與萊恩，別把他們當作別人家的精彩電影，好看就好，但也不是要我們全數套招來用；其實重點在於這是他們的「生命風格與工作取向」。我們更要想想自己的工作、興趣與專長，使之發揮在家庭與養育子女中。我們一定能以我們所擁有的優勢能力來教養孩子，如同這對中情局父母。就像暑假幫我家安裝冷氣的師傅，紮紮實實用他的工作能力獲得收益，也收服了我的心。你也是一個獨特的人，你與伴侶是獨特的一對，你們的孩子在家庭環境互動下，也形成自己獨有的生命風格。相信自己在工作上的發揮，一樣可以轉化為對孩子的教養方法，從夜市擺攤、到經營公司、到學術研究，只要是工作，就有值得傳承的心法。

這也是為什麼阿德勒創發的個體心理學中，首要的生命任務是「工作與能力」，因為這是我們生存的根本。發揮出來之後，你便自然進入下一個任務「情誼與合作」，亦即與身邊夥伴建立情誼關係，彼此合作。

克莉絲緹娜與萊恩共同面對養育孩子的困境，相互補強找出解決辦法。從第二部開始，每一章都由克莉絲緹娜開啟動機與困境，加上萊恩在中情局的訓練與啟示，然後克莉絲緹娜把這些能力放在生活場景，最後收尾於好用的策略。這是我首見父母合作撰寫的教養書，你可以看到母親的觀點與父親的擔憂，或是母親的強勢與父親的溫柔，二者亦常交換角色，唯一不變的是共同目標——合作教養。

最後，借用克莉絲緹娜與萊恩說的「夠好就好」，給天下父母一個安心。我們永遠不會完美，阿德勒說「我們永遠不會達標」，「目標」意思就是達不到的終點，永遠是虛構的終極目的（final fictional goal）。只要走在對的路上，不論快或慢，往前進或是後退些，都是一件好事。

對的路是什麼路呢？讓我們回到油桐花瓣的花蕊上，那就是社群情懷。當我們知道自己所做的事情對於社群的意義，胸中有社群——這就對了。社群可以小到你與身邊的人，或是大到全人類。鼓勵閱讀本書的你，也細細回想自己的成長歷程中，得到哪些滋養，做了什麼事情，成就了今天的我們。今天的我們，正在教養著或是即將養育著「未來也會教養下一代」的孩子。

期待這一本家庭關係複雜又單純、孩子天真又有心機、故事驚險有趣又充滿愛心的書，可以讓你讀得開心而且有信心。

推薦序

如果能早點知道就好的育兒術

黃彥鈞／職能治療師

「實在很感謝這本書能有繁體中文的翻譯版本問世！我早點知道該有多好？成長的過程有人教導我該有多好？好險我現在看到這些，可以學起來教我的孩子！」以上全是我閱讀時心底不斷冒出的喃喃自語。因此，稱本書為大家一定要看的好書也不為過！

身在醫療院所、校園中幫助爸媽解決孩子的身心發展狀況和教養問題，兒童職能治療師必須持續涉獵各領域的最新知識，以應變老師和家長的諮詢，多年下來我也累積不少實戰經驗。乍看書名時，心裡還很有自信的想：「應該有很多我已經熟知的觀念吧？」不料，翻開來每個章節都充斥著讓我瞠目結舌的亮點，重點筆記被我畫得滿滿的，我完全意想不到會是這樣的內容！不只是育兒知識，更是人人都該具備的基本概念，確實太受用了！

起初以為ＣＩＡ是某句英文的縮寫或一種育兒方式的形容詞，結果作者夫妻真的有在美國中情局工作！融合他們的受過的訓練和實務經驗，應用在教養孩子上面，令人為之驚豔。畢竟大部分的人沒有那段經歷，所以藉此法養育小孩又願意出書分享，更如鳳毛麟角般的珍貴。

作者先是聊了ＣＩＡ的工作，從照顧三個孩子的繼母、到生了兩名子女還能工作的五寶媽心路歷程，接著是落實ＣＩＡ育兒術的故事與方法。光是為我們揭開些許ＣＩＡ的神祕面紗就很新奇刺激了，我腦中閃過許多電影情節場景，一度還懷疑這真的是育兒書嗎？談到精彩的ＣＩＡ育兒術：在各種環境下的求生法、偵測並遠離環境中的危險因子、訓練反應和觀察力保護自己、實用的溝通技巧和建立人際關係、網路安全、以及成為有責任感且有彈性的人——「這些都太重要了！」每翻一個章節我就在心中吶喊，若平時沒有這些觀念與練習，即便成人遭逢突發事件也很難處變不驚，太多事情的發生只在一瞬間，根本無法預知將會碰到什麼人事時地物！連我都不知所措，又如何能充分保護孩子甚至教導他們保護自己呢？

過往我追劇或看新聞事件時常思考：「我會怎麼做？我有辦法脫離危險

嗎？」作者希望讀者運用書中技巧，把小孩塑造得具有安全意識、有自信並均衡發展，而且也幫助爸媽在教養過程中能心平氣和、化解焦慮，讓我十分感動及認同。相信孩子的成長過程有這種基礎，人生會有更多不同的可能性。讀完此書，著實學了非常多，並曉得自己該補足哪些部分。

《CIA探員教你培養高應變力的孩子》有別於我目前接觸過的教養書籍，很感謝有如此新穎又結合豐富實用技能、含金量甚高的作品。我身為人父及專業人士，在臨床、育兒、自我成長方面皆獲益良多，視野、想法都大大的被啟發、打開，對於照顧保護自己的孩子更有信心！真心推薦給所有人。

PART 1

一切從這裡開始

PART 2

CIA育兒法的實際操作

給萊恩：

我生命的基石，最重要的支柱，也是我的伴侶。

本書是獻給你這位神奇老爸的讚辭。

我們真是無比幸運。

給大寶們：

這本書主要是因為你們存在。

感謝多年之前讓我進入你們的心扉，

也感謝你們讓我分享我們的故事。

給小寶們：

你們是把我們全家人連結在一起的最後拼圖。

你們給我的生命帶來難以言喻的轉變。

這本書要獻給你們。

給 CIA 的出版物審查委員：

謝謝你們細心審核手稿，

確認內容沒有在無意中揭露機密資訊。

PART 1

一切
從這裡開始

1

闖入CIA

我踏入國際間諜網的不平凡旅程

和一般人的想法恰恰相反，龐德其實是個糟糕的情報員。間諜的第一任務，是在神不知鬼不覺的情況下完成情報蒐集。全世界最厲害的間諜，絕不會輕易陷入街頭槍戰或是飛車追逐，而會選擇在暗處執行任務，在各國政府官員的眼皮底下偷走國家機密。說實在的，如果一個間諜需要掏槍，或是被人追捕，他應該是已經闖了大禍！

最好也別跟我提什麼「龐德女郎」。在真實的情報工作裡，最優秀的間諜絕不是只靠火辣身材賣弄風騷。她們受過嚴格的專業訓練，會跟各地的外國線民進行祕密會議、追蹤恐怖分子、向美國總統做書面和口頭簡報。我知道。因為我曾經是其中一員。

當然，我在美國中情局（CIA）工作的這段期間，接觸過許多夢想成為龐德的人，他們的確是身手俐落的探員。不過說實話，我待了幾年之後，已經受夠了跟特務約會。我們單位吸引了不少有意思的傢伙，我猜我跟他們差不多都約會過了——有位特務曾經裸體為我做了可麗餅，也有位特務開槍打壞了我的內褲抽屜；不意外，還有位已婚的特務傷透我的心。我對自己承諾不再犯同樣的錯，不管在任何情況下，千萬別跟特務結婚。

結果，我遇上了萊恩，我完全無法招架。

加入中情局並不是我一開始的夢想。上大學之前，我幾乎沒見過世面，更別說見識國際間諜的活動。我成長在一個美國中西部的天主教家庭，有時只過聖誕節和復活節，有時則會定期做禮拜。我是三個小孩中的老么，我的母親在家照顧我和哥哥姊姊，直到我上高中才重返職場擔任兼職的護理工作。她出生在西維吉尼亞州的小鎮，十歲時跟著父母一家大小重回家族居住了幾世代的鄉下農場。這個農場，還有起伏的山丘和漫步的牛群，成了我童年最難忘的印象，也是我成年之前最主要的度假去處。我的父親也來自西維吉尼亞州的小城市，在我的童年時期，他不停在國內外旅行，擔任一家製鋁廠的環境安全經理。

在我小學的時候，我們搬到了芝加哥的郊區，實事求是的傳統家庭價值在我的家庭裡持續生根。我每天搭公車穿過一大片玉米田，往返於我就讀的公立學校和位在死巷子裡外觀上毫無特色的住家。基本上我過的是平凡無奇的美國中西部童年，參加籃球隊和樂儀隊這類的課外社團活動。我母親扮演傳統的家庭主婦角色，擔任學校的「志工媽媽」，過節時幫哥哥姊姊和我縫製相配的衣服，每天晚上五點鐘固定把晚餐端上桌；我父親則負責像是除草和倒垃圾這類典型「男性」的家事，也常陪我們在院子裡玩投籃。

雖然我從不認為父母的相處稱得上和樂融融或幸福快樂，但我也從不曾想過他們會離婚。在我高三時，他們決定要結束這段二十五年的婚姻——不難想像我有多麼震驚。當父親帶我去參觀幾個小時車程的一所大學時，我的母親收拾了簡單的行李，開車離開了家。她在城裡租了一間公寓，邀我與她同住——我是當時唯一還住在家裡的孩子。儘管我很想念她，我還是決定和父親同住到高中畢業為止。我在暑假搬到她的小公寓後才開始明白，過去我對於婚姻和家庭所知的一切逐一被顛覆。

我必須聲明，當時的我清楚知道婚姻是兩個人的事，雖然是我母親選擇離開，但是它對雙方都帶來了痛苦和傷害。不論這段婚姻中間發生了什麼事，我內心仍渴望擁有一個傳統的家庭，但是見證到年近五十的母親重回職場，並找到獨立於我父親之外的自我，我意識到有一個**新的**渴望在內心播下了種子，我希望找到屬於自己的工作和安定感。

話雖如此，我進入印第安納大學前從不曾離開美國，對人生也只有一個主要目標：大學畢業後儘快結婚生子。不過，在父母親離婚後，我心中想尋求職涯發展的念頭，在學習史瓦希利語（Swahili）之後開始萌芽。

我一開始選擇印第安納大學，是把它當成「保底」的學校，也就是選擇離家比較近，萬一無法如願申請到其他學校時的備胎。我想離家到外州求學，所以申請了其他幾所大學，考慮要主修新聞學。不過，高三那年我發現自己有點外語天分，這讓計畫出現變化（我的西班牙文和拉丁文都拿了滿分，儘管我上課經常在打瞌睡。）在我哥的鼓勵和指引下，我決定主修語言學，再加上我對非洲日益濃厚的興趣（受到高中一項研究計畫的鼓舞，同時也因為我對電影《獅子王》的迷戀），我興起了學習史瓦希利語的念頭。湊巧的是，印第安納大學擁有全美最好的非洲語言課程，於是印第安納大學從原本「保底」的志願，變成我主攻的第一志願。

學習史瓦希利語，以及選修非洲政治和文學這類的課程，激發我真正想要學習的渴望——而不是像過去一樣，熟讀教材只為了拿到全A的成績。我對史瓦希利語課程永遠不滿足，我甚至還去選修「獨立研究」課程，內容包括由教授導讀史瓦希利語小說。這堂課讓我除了語言之外，對它的文化也有更深的理解。同時，我也擔任校園裡的語言志工，我很樂於拆解史瓦希利語的文法，協助其他學生理解它的規則。在學習史瓦希利語兩年之後，我得到去坦尚尼亞留學的獎學金，這讓我對非洲的興趣更加濃厚。我愛上了那裡的人們和文化，隨著待的時間越久，我越來越喜歡這個語言。不久之後，我就開始考慮要加入美國和平工作團（Peace Corps），或許這可以成為我從事人道援助工作的起點。而且，想要拉近人與人的距離，改變他們的生活，有什麼辦法比使用他們的母語溝通更有效？

不過，命運給了我不同的人生安排。

我加入CIA的面試比較像是個幸運的意外，並非事先經過縝密規畫或是長久以來的夢想。有位教授跟我提到，有個「對外語人才有興趣」的政府人員招募計畫，正在我們學校進行校園徵才。我把履歷送出去，純粹只是好奇是否會有下文。我其實並不知道自己是否對這份工作有興趣，只覺得試試無妨。

母親和繼父常勸我到聯邦政府上班，至少工作穩定。我就和其他具有獨立心智的二十一歲年輕人一樣，光是這句話就讓我**不想**去那裡工作。我的繼父是國土安全部的資深幹員，他可以說是我父親的對照組：我父親是喜歡熱鬧、愛喝啤酒的社交動物；我的繼父則是一本正經、喜歡規矩的前警官，他不喝酒、甚至不喝咖啡。他凡事講求安全第一，我想這也是母親會愛上他的原因，她把全部心力放在照顧子女二十五年之後，重拾職業婦女的身分，自然會想要一個可靠的避風港。

我要的未必是安全感。這個所謂「政府機關的面試」與和平工作團的面試剛好在同一個禮拜，我終究不大情願的接受他們的建議，穿上從塔吉特賣場買來的 Merona 西裝外套和熨得不大平整的白色扣領襯衫去面試。

「嗨，克莉絲緹娜。我是法蘭克。我們之前通過電話，我是 CIA 的人。」

什麼鬼？

我沒聽錯吧？我還以為是其他層級較低、無足輕重的政府部門，因為宣傳簡章上並沒有說清楚是哪個機構在徵才。

「你的外語能力讓人印象深刻。」法蘭克說。

「我也知道你是留學坦尚尼亞的傅爾布萊特學者。」他邊說邊查看我的履歷表，然後眼光回到我身上。

我的特殊語言能力正好符合CIA的需求——並沒有太多應徵者懂史瓦希利語和祖魯語（我在大學最後一年學了後者）。我讓他們印象深刻。

這和我在同一個禮拜稍早和平工作團的面試形成強烈對比，那裡的人說我缺乏專長。當年流行去非洲去「幫助人們」，所以和平工作團對選才特別挑剔。但另一方面，CIA選才的負責人對我大為讚賞——不用懷疑，CIA從過去到現在，對徵才一向很挑剔。

法蘭克接下來說明這份工作的內容。他說我有機會運用我的非洲專業和外語長才，影響美國政府的政策，我甚至可以定期到非洲旅行。我幾乎掩蓋不住興奮，我不敢相信自己差點就和這個難得的機會擦身而過。

幾個星期之後，我收到了CIA的任用通知，不過我還得接受背景調查和安全查核。我填寫一頁又一頁的個人資料，安全查核人員也開始訪問我的家族成員、朋友、朋友的朋友以及鄰居：我愛不愛國？我是否曾經嗑藥？有沒有駭過別人的電腦系統？有沒有聽盜版音樂？我做人可不可靠？幸好，身為一個剛從大學出社會的二十一歲年輕人，出國只去過一個國家，幾乎沒有什麼人生經驗，我順利通過了這幾道程序。我人生唯一的例外是，我沒有通過測謊。

我曾經接受過許多醫學和心理測驗，以及一次——不對，是兩次的測謊。我第一次受測四小時卻沒有通過，還被懷疑是毒品走私客，全因為我在阿姆斯特丹轉機時，吃過大麻瑪芬蛋糕卻沒有告訴他們（我想這要怪我身為天主教徒有免不了的罪惡感，這個鬼想法根深柢固）。幸好，我隔天還有第二次的機會（後來我才知道，測謊器只是幫忙審訊的工具，它有用的程度其實要看測謊者而定）。

不過這回我的測驗輕鬆過關。四個月之後，我已經坐在一個房間裡，與其他大約五十個人一起宣誓為國家執行間諜任務。和我同期加入的同袍，有些人的動機是出自為國奉獻的強烈愛國心，有些人則是想要尋求刺激的冒險家。許多人想實現成為龐德情報員的長久夢想；但奇怪的是，我來這裡是因為我熱愛一片外國的土地。

我內心激動，但是也不只一次忍不住想問自己：**我在這裡做什麼？**

時間快轉幾年，我已經是ＣＩＡ東非部門最資深的分析員，這跟我在大學修習的語言和專長非常契合。儘管一開始，我有點格格不入的不自在感，我發現一旦進入我所擅長且熱愛的專業環境，我對事業的企圖心就變得比原先想的還要強烈。

工作完全融入了我的生活——我在其中如魚得水。我發現，CIA裡頭大部分工作並不是實地的間諜工作，至少在我所屬的情報司——簡稱DI（Directorate of Intelligence），如今改名分析司（Directorate of Analysis）——單位裡不是如此。這裡的工作主要是撰寫稿件，做簡報以及批判性思考。我花時間分析進行田野調查的情報員們蒐集來的大量情報，為美國總統和其他政治決策者撰寫情報評估報告，並根據這些評估向他們進行簡報。我在學生時代謹慎、細心、注重細節的好習慣，讓我在局裡大受重用。由於我在工作上前途看好，我也沒機會認真的談戀愛——當然啦，情況也不會總一成不變。

保羅和我在CIA的入職訓練第一天就相遇。他身材高大、儀容端莊、散發著魅力。我們兩人都帶了自己的飯盒，也同意找張桌子一起吃午餐。吃火腿起司三明治時，我得知他成長於愛荷華州一個農場小鎮，他吃苦耐勞又很沉穩——甚至像部機器。因此，當他跟我說他是被CIA科學與科技司（Directorate of Science and Technology，簡稱DS&T）召募進來的工程師時，我一點也不意外。得知他是工程師這點吸引了我，或許是因為我知道自己永遠辦不到。保羅告訴我，他一直想當太空人，但是他嬰兒時期的心臟問題，讓他無法如願通過上太空所需的體能要求。他決定退而求其次，也就是當一個火箭科學家。

我坐在保羅對面聽他說話，同時我腦子裡開始在給他打分數：事業成功？有；外表迷人？有；腦袋靈光？有；志向遠大？有。只不過上班第一天而已，我就幫自己找到了完美的男友，而且我敢說，他也會是完美的**老公**。

短短三個月後，保羅和我已住在一起。我感覺一切都依計畫進行——工作順利還找到了好男人。不只如此，連我母親也很喜歡保羅。他聰明又可靠，有能力支持我——這些是她特別強調一個伴侶應該具備的重要特質。我母親同時也不忘強調擁有自己事業的重要性，她說這是為了以防萬一。我信賴母親給我的建議，在她的認可下，我與保羅的感情迅速升溫。

這情況維持了近兩年之後，有天我突然意識到走不下去。這中間少了點什麼。和保羅在一起，我只能……算是活著而已。我知道原本在我內心，那個被熱情所驅策的女人已經不見了，我當時還無法明白指出那是什麼——他也還未拿戒指套牢我——但是我清楚他不是我的真命天子。我因為臨時被指派一個任務、到某個不能揭露的地點之後，就用一通電話匆匆結束了這段感情。

「我就是覺得，我們不應該繼續在一起了。」我在飯店房間，對著地板上的電話告訴他。我轉著手上的戒指——這是四個星期前、我要離開前他買給我的。這並不是一枚訂婚戒指，但彷彿在預告它很快就會出現。

「你還好嗎？有什麼問題？」他如此問。

「很好，我沒事。」我說，心裡有另一個聲音想把剛剛的話都收回去。不過當我看著飯店的那張床，前一晚發生的事歷歷在目：散落地板的衣服、歡笑聲、身體的接觸……中間有些不復記憶。不過我確定的是，在下班後的同事聚會中，我把一名同事帶回我的飯店房間。他跟我過去幾個星期一直在互相調情，彼此放電，他對非洲的滿懷熱情吸引了我。這種熱情，無疑我也深有同感。或許，我們上床只是個必然。

「只不過，分開的這段時間讓我有了看待事情的新角度。」我對著電話冷冷的說，拿下我的戒指把它放在床頭櫃。已經沒有回頭路了。我無法對保羅坦白我做了什麼——這會讓他太受傷。而且，我願意做那種事，怎麼可能還真的愛他？

兩個星期後，我飛回北維吉尼亞的家，面對自己匆促決定後的現實。雖然我自認做出正確的決定，但是在我們同住的公寓裡清點各自的物品——「那一件東西歸我，這個東西算你的」，拆夥時刻依舊難熬。我最好的老朋友瑪莉莎做了死黨會做的事，她搭上第一班飛機過來幫我處理搬家事宜。更重要的是，她還給我精神上的支持。

「我哪裡做錯了？」保羅在我們走過廚櫃時問了一句。

「你沒有錯。」我告訴他。

這是最困難的部分。保羅**沒有**做錯任何事。他符合所有我腦子裡設定的標準，他有我想要的丈夫的一切——就字面上而言。問題是，我終於明白了，我要的不是一個字面上符合標準的丈夫。我要一個真正的丈夫。

那個人還沒出現。

從那個時候開始，我跟一些男人約會（包括前面提到的CIA同事們），但是始終沒找到一個想認真交往或值得付出感情的對象。大部分時候，我的生活是個自由自在的單身女郎，每隔幾個月，跟我一樣具雄心壯志的同事兼密友珍就會和我一起到拉斯維加斯度過長週末，我們將大把時間花在游泳池畔、夜店，洗SPA重新充電。不過，即使在那段時間，工作仍舊是我的第一優先：我寫得最好的一篇報告，是我和她在某個長週末小酌一番後擬出來的（我喝雞尾酒的紙巾上難解的潦草筆記，後來成為我和我的團隊對肯亞一位政壇「造王者」及其掌權模式的基本評估）。

擅長做這類工作讓人感覺良好。工作成功的感覺真好。在某些我們比較飄飄然的時刻，我和珍甚至有點厚臉皮的想：我們是不是太拚了？

「要是我們不要太認真會怎樣？我們把最低限度的工作做完，薪水照領如何？」我問珍。

「你的意思是，我們表現得**普通**一點？」她問。

「沒錯。」

我們大笑。這是不可能的事。

我們在泳池邊，拿調酒的塑膠杯「乾杯」，互相承諾絕對會在CIA裡不斷努力往上爬。我們的目標是成為最年輕的女性「資深分析員」，這是只有經驗最豐富、表現最傑出的分析員才能被授予的崇高職位。它可不只是升職——當然它的職稱也代表了晉升——而是代表要經過一大段申請和面試審核的過程。我知道如果有細心的規畫、嚴格的紀律，再加上勤奮工作，我們可以辦得到。

我們也知道，這意味著生活中有一部分必須做出犧牲，包括我們的愛情。大致來說，我們並不在意，讓我們在意的是有些已婚同事有時會露出一副「這一切他們早就知道」的樣子，我和珍把這些人叫做「臭屁的已婚者」。對了，那些已經有小孩的同事更糟，他們不只是「這一切早就知道了」，他們還期待單身者會加班熬夜，幫他們寫的報告收尾，因為**我們**家裡沒別人要照顧，所以不管**我們**回家做什麼都不太重要（日後我為自己這種態度感到抱歉，甚至覺得自己對不起那些必須兼顧工作和家中小寶寶的同事）。不過話說回來，工作的確是我們生活中最重要的事，這一點我們並不在意。我們當時不能了解的是，為什麼不是每個人都把工作當成生活的頭號要務。

把大部分時間都花在工作上，代表我們沒什麼機會和 CIA 業務以外的圈外人碰面，也因為如此，再加上其他一些理由，CIA 內部的人彼此交往、戀愛成了常見的情況。畢竟，跟理解我們保密生活方式的人約會比較容易。如果約會對象也是 CIA 的人，他們比較容易理解為什麼我們不能透露太多自己正在撰寫的報告細節，或者為何你臨時必須出差去某個祕密地點。不只如此，他們跟你一樣，接受過嚴密的安全檢查和心理測驗，這等於是一種自動篩選的機制。一方面來說，這讓約會變得簡單一些，但另一方面，這也讓總部成了不倫戀的集散地，許多情報員不時在這裡演練他們的「操控技巧」……——而你，則是他們的練習對象。

我必須很坦白的說，我的私人生活跟我的專業表現常常是兩回事。工作時，我是一絲不苟的分析員，根據研究資料作出審慎的分析判斷；至於上班時間之外，我則是先做了再說的熱情衝動派，抱持「認真工作，認真玩」的心態。工作是我人生中能夠掌控的領域；私生活則是我放鬆的時刻。

我內心深植想找到「真命天子」的渴望，讓我在情感世界裡往往做出自己都知道很糟糕的選擇。相對於在工作上我依據數據做決策的原則，情感上我挑選對象多半是靠我的好朋友——莎當妮酒和龍舌蘭酒——來刺激。你可以說我有時候根本亂七八糟，就想像是《邋遢女郎》加上《反恐危機》[1]……——不過比這還要穩定一些。或者說，我自以為是穩定一點吧。這種模式過了幾年，我決定是改變的時候了。我被CIA裡的男人傷害過太多次，夠了就是夠了。當時的我年近三十，終於開始安於做一個有自信、成功的單身職業女性。要我去找一個丈夫的內在聲音，也終於漸漸沈寂下來。

萊恩此時登場了。

2 愛上龐德

我同時成了繼母

某堂課程中間我們只有幾分鐘的休息，我想把握機會跟坐在對面的兩位行動官[2]攀談一下。幾個月之後，我將接受新的輪調任務，我知道這兩個人將會跟我派駐到同一個工作站。轉任到CIA的新部門讓我很緊張，我知道在新團隊裡需要盡可能多交些朋友。

1 譯注：《邋遢女郎》（*Fleabag*）是英國熱門黑色幽默影集，以對性有異常需求的女主角的日常生活為主題；《反恐危機》（*Homeland*）則是以中情局為主題的美國反恐電視劇。作者形容自己有如這兩部影集主角的綜合體。

2 譯注：行動官（operation officer）是CIA行動司情報員的正式職稱。

我盡可能簡短而親切的向第一位行動官自我介紹。他算非常友善，在別的情況下我可能會花更多時間和他談話，以建立團隊的合作氣氛。但當時我急著和另一個行動官也打招呼——他才是深深吸引我注意的人。

他身材高大，皮膚黝黑，鬍渣有些雜亂，還剃了個大光頭。他有褐色的杏圓大眼——是雙會讓人著迷的眼睛。他穿著排扣的格子襯衫和卡其色的西裝外套，全身散發著濃濃陽剛味。大冒險來了。

我們的自我介紹很簡短——根本談不上幾句話，教官就要我們回座位。我們正接受CIA內部的規定課程，一個專門為「轉調常駐基地」（Permanent Change of Station，簡稱PCS）的人員安排的課程。這將是我第一次被調派到總部之外，未來三年的大部分時間我將離開原本的單位，主持自己的任務會議，這與我過去幾年已習慣的分析工作有著強烈對比。

這天一有機會，我就偷瞄坐在對面的萊恩。我不自覺的做起了白日夢，想像和他在一起生活會是什麼樣子。這是段充滿探索的過程，有那麼一瞬間，我覺得自己彷彿瞥見了自己的未來。不過，我把這些想法掃到一邊，告訴自己要專心上課。我很容易遁入浪漫的情愛幻想，但到新單位報到最不應該做的事，就是馬上陷入感情關係！更何況，對方還是一個行動官，千萬別想！

兩個月後，我抵達CIA的新工作站，萊恩卻完全不浪費時間馬上對我展開追求。我們在辦公室短暫碰了面，沒多久他就開始用CIA內部的即時通訊跟我聯絡。他和我聊射箭和滑雪，還答應我如果有興趣，有機會再找時間教我。

我大概是我所認識的人當中最缺乏冒險精神的人，一想到滑雪我真的嚇呆了。我在愛情世界裡可能有點莽撞，不過對一般安全性的問題，總是盡可能的守規矩遠離風險。不過，有萊恩當我的老師，我樂意任何事情都去試試看。你可以說，他凡事都願意一試的態度讓我覺得很放心，但也可能是我深深被他吸引，以至於我不希望被他知道我是個很無趣的人。到此刻為止，我一直全心全意投入工作，根本沒花太多時間——好吧，其實是沒花時間——培養嗜好。該是改變的時候了，他似乎就是幫助我發展工作之外興趣的適當人選。

聽起來一切太美好？有內幕？他離過婚，有三個孩子。

不管基於什麼理由，這點並沒讓我逃之夭夭。或許是他宿舍裡小孩子手繪的可愛圖畫軟化了我的心；更或者，是他粗獷氣息的魅力。無論如何，我很開心的接受他的約會邀請。

那個週六，我們在當地一家叫安傑羅的義大利餐廳共進午餐。我們大笑聊了幾個小時，彷彿我在跟已經認識了一輩子的人聊天。在餐廳待了幾個小時後，我們移到對街吃甜點。就和其他優秀的行動官一樣，萊恩能言善道，而且興趣廣泛。他的故事唬得我一愣一愣：他會自製手工麵包，會說四種不同語言，能吹愛爾蘭錫口笛，還懂得製作皮革工藝品。這是我第一次遇到一個男人可以天南地北、輕鬆討論各種話題，從中世紀的刀具一直聊到他在茱莉亞・柴爾德（Julia Child）《精通法式廚藝》（*Mastering the Art*）裡最喜歡的料理。

當然啦，大部分的行動官都是興趣廣泛而且世故懂得風雅，不過萊恩有些與眾不同的地方。我感覺到他是真心有興趣，而不是為了協助自己的情報工作而培養嗜好。他是真正多面向、興趣廣泛的人，這無疑也讓他在工作上有出色的表現。

雖然我們兩人都在CIA工作，但是我們的工作經驗卻是截然不同。萊恩是行動司（Directorate of Operations，簡稱DO）的行動官，這表示他要負責拉攏可取得有效情報管道的外國人，以及其他收集情報的嚇人任務。舉例來說，他曾培養水肺潛水的嗜好，目的只是為了接近對美國國家安全有重要情報的對象。他是CIA裡少數真正進入所謂「農場」——也就是CIA祕密訓練基地的探員，並完成農場的正式訓練成為間諜。他曾旅居海外，在歐洲、亞洲、中東各國工作；他接受情報人員的訓練，學習使用武器、脫逃、以及躲避偵查以及祕密通訊等技術。

換句話說，這傢伙是**真的**龐德。不過，他不是脫離現實、大男人、好萊塢式的龐德。萊恩可是真貨。

他工作所依循的也是和我截然不同的作業準則。雖然我們倆都在CIA工作，但是我的工作截至當時為止主要都是坐辦公桌分析情蒐報告，以及偶爾到非洲出差。當然，我們在各自的情報領域都受過良好訓練，但是萊恩這類型的田野工作特別強調行動敏捷、反應迅速，有時還需要冒一些必要的風險。

在我的單位——也就是情報司裡頭——多的是對某個專業領域有特長的人。比如說，對某個特定區域如非洲之角（Horn of Africa）大大小小事情知之甚詳——相對之下，行動司的成員多半符合「樣樣通、樣樣鬆」的形容詞。我是個專家，但是行動司的人多半是通才，他們擅長各式各樣的本事：可能前一天碰面的線民是核武專家，而隔天要見面的線民則掌握另一個地區恐怖網絡的情報。他們必須有能力去理解和討論各種不同的話題，來收集具有重要性的情報。我們對於情報司的人，往往會看不起他們缺乏深度專業，不過與他們共事的經驗，讓我很快了解到他們其實同樣非常聰明。不只如此，他們有些讓人印象深刻的能力，像是能輕鬆從一個話題轉移到另一個話題，或是默默記下幾個小時晚宴裡足夠多的內容細節，回到辦公室後逐一寫下來（我已不只一次見識過行動司同事們的功力）。

確實，萊恩在這些方面的表現都令我印象深刻。不過和他的三個孩子見面，並且見識到他的育兒術之後，才真正教我大開眼界。在我們約會三個月之後，他說他已經準備好把我介紹給漢娜、杭特和麗娜。我知道這對他而言是意義重大的一步；對我也是。

我第一次開車去見他們時，腦中湧現各種想法。**孩子們會喜歡我嗎？我不善於和小孩子相處——那是我姊姊才會做的事，她是小學一年級的老師；而我，則是個工作狂。**

我腦子裡不斷回想的，是我跟朋友瑪莉莎吐露這個煩惱時她給我的建議。「如果你覺得受不了也沒關係，」她說：「這不會有傷害，也不會有損失。但你總是得試試看再說。如果到時候你決定離開，也沒有關係。」

到了萊恩的家以後，我們一起開車到一處南瓜田。萬聖節快到了，我幫孩子們帶了禮物袋，裡頭裝滿糖玉米、造型有趣的棒棒糖還有可以吃的鬍鬚糖。（遇事不決，就記得帶些糖果。）讓我有些意外的是，這一天順利過關——唯一不順的只有我穿著 **Tory Burch** 的高級平底鞋走進玉米田迷宮。

到南瓜田的一切不僅是很順利，而且感覺**好自然**，這真的有點怪。就算我還沒有愛上萊恩，當時我也看到一個最了不起的父親，有三個和他長得一個樣的小孩子：九歲的老大漢娜很安靜，但充滿好奇心；杭特剛剛滿八歲，很顯然他遺傳了萊恩的冒險精神和對戶外活動的愛好；麗娜只有六歲，我一看到她甜美的面容，就知道我會最先贏得她的芳心。整個過程就像是看著未卜先知的水晶球，知道你的男友未來會是什麼樣的父親——大部分女性在結婚之前可沒這種好運。

雖然我一眼就可以看出萊恩是個很棒的父親，不過我也注意到，他的一些行為讓我產生違和感。舉例來說，我注意到當我們在複雜的玉米迷宮裡，他的眼睛並沒有始終關注在孩子身上。我們在找尋迷宮出口時，他給了孩子們相當程度的自由去探索，感覺他彷彿電影《真善美》（*The Sound of Music*）裡的崔普上校，有時會發出像鳥叫或蟋蟀的口哨聲，然後孩子們馬上會回頭。我們逛禮品店的時候情況也很類似，孩子們四處閒晃甚至買自己要的東西。當萊恩看不到孩子時，臉上也看不出有任何擔心的表情。事實上，即使彼此相隔很遠，他始終顯得很輕鬆，彷彿一切都在掌控中。話雖如此，我還不確定我**自己**是否會這樣帶孩子。在商店裡看不到自己的孩子已經夠讓人害怕了，怎能把孩子放在真的會讓人迷路的**迷宮**？對我來說，這好像獨立自主得太過頭了。

接下來的這一年，我每個週末都和萊恩一起度過，這些週末孩子們多半也都跟我們在一起。我很早就注意到，他們比起我在這個年紀的時候，更有冒險精神，也更圓融、懂得應變，說實話，和其他同年齡的孩子比起來也是如此。他們非常活躍，從騎摩托車、登山、到公園裡捉迷藏，參與各式各樣的活動。我不認識有任何和他們一樣年紀的孩子會騎摩托車——光是把孩子擺到摩托車上的念頭就讓我冒出一身冷汗。三個分別是六歲、八歲和十歲的孩子，運作超乎他們年齡的獨立自主能力，拿出自己的皮製小錢袋買自己的東西。有些時候，例如在南瓜田裡，或是他們購物時是在萊恩的關注眼神下進行。但讓我感到驚訝的是，某些時候他們會自己去買東西——比如說萊恩會載他們到雜貨店門口，讓他們自己進去買一些物品。他們會討論到一個荒島上要帶些什麼東西，或者是當殭屍在街頭橫行時需要準備什麼；他們對於工具和一般求生技能的知識總是讓我驚嘆。

「假裝現在有殭屍大進擊，我們是全世界僅存的人類。我們來列一張生存必需的清單。」漢娜一邊對著弟弟妹妹們說，同時拿出了她的筆記簿。

「手電筒……繩子……刀子……」杭特開始清點項目。

「水……小酸人軟糖（Sour Patch Kids）……」最小的麗娜也開心的加入。

「噢天啊，要是真的發生就太酷了。」杭特說。

一開始我覺得有點奇怪，他們最喜歡的話題都是關於世界末日到來，以及整理必要求生工具的清單，同年齡的其他孩子多半在玩電動玩具和討論班上誰愛誰。不過我很快就想到，當你的父親是個CIA間諜——或者，更準確一點的說法是，當你的老爸是萊恩——這就變得一點都不奇怪。這才叫正常。

我毫不懷疑，萊恩的育兒術獨一無二，而且和孩子們的特殊經歷也脫不了關係。隨著萊恩在海外工作，孩子們的國外生活經驗讓他們很早就開始接觸許多不同的文化，自然比其他美國小孩更見多識廣。在此同時，我也在努力理解他給孩子們這麼大的自主權，這麼小就讓他們接觸成人話題，到底是否適當？為什麼還未滿十歲的小孩子，就要擔心殭屍末日該如何生存？我原本擔心這位單親老爸是不是思慮欠周，不過隨著相處時間越久，我也逐漸理解到，這是一套經過深思熟慮的育兒術。

幾個月之後，在我們即將共度第二個聖誕節前，萊恩向我求婚了。我們訂婚的時間很短——只有三個月。我猜很多人大概會以為我奉子成婚，但九個月過去我的肚皮仍不見動靜，這時人們應該就了解我們是兩個知道自己想要什麼的成年人，我們不想花一年或更多的時間去安排婚禮。遇見萊恩之前，我一直盤算著從訂婚到結婚需要至少一年的時間。我能說什麼？我想他說做就做的個性已經感染了我。

結婚之後，我立刻一頭栽進養兒育女的世界——立刻變身為三個青少年的媽真不是件容易的事。我沒有太多犯錯的空間，因為孩子已經夠大，他們會注意到——也會記住——你的所有錯誤。我在萊恩的引導下逐漸習慣身為繼母的身分。一段時間之後，我開始明白萊恩的孩子們如此與眾不同的原因在哪裡：他從小就教導孩子們一些ＣＩＡ的訓練技巧，他相信這些技巧有助於保護他們的安全，並讓他們比同輩的孩子更傑出。最重要的是，萊恩嘗試灌輸孩子們冒險的精神以及關於世界的知識，希望幫助他們成為成多才多藝、有成就的大人。這點讓我深深著迷。

不過在某些方面，這也讓我覺得害怕。

我知道，理論上，我們兩人在情報工作上所受的訓練，對人生也是很好的訓練。獨立自主、防杜危險、靈活有彈性的思維——這不管對小孩或大人都是重要的生活技能。萊恩有點悖離傳統的育兒策略，對教導孩子們這些能力來說可被證明是成功的。

不過在實務上，對於賦予小孩子這麼多的自主權和責任，我還是有些擔心，特別是我越來越疼愛和關心這三個孩子。萬一他們出事了怎麼辦？在我看來，他們的年紀這麼小，萊恩給他們的自主權如此大，萬一孩子們應付不來怎麼辦？過去，我想像自己一旦為人母，我一定會是個不折不扣的直升機家長。

後來，我懷孕了。這改變了一切。

3

CIA育兒術的運用

生了孩子後我更加體會它的心法

直到我們的兒子阿里出生之前，我在養育兒女的工作上一直只是副手。繼母的角色有些微妙；我一直很清楚，我與萊恩的孩子們——我開始稱呼他們是「大寶們」（the "Bigs"）——之間沒有血緣或從出生就開始的聯繫。我很擔心任何失誤都可能破壞我如此努力與他們三人建立的關係。除此之外，我也想尊重萊恩與他們建立好的模式，因此有時候即使我對他所做或沒做的事情抱持懷疑，我也儘量不去質疑它們，特別是避免在孩子面前這麼做。

萊恩和我也有共識，對於養育子女我們必須站在同一陣線，至少在孩子面前要表現得如此。我們同意要互相支持，任何的意見不一都要私下處理。（當然，情況無法永遠如預期順利，畢竟人生並不盡完美。我們也不完美！）如果說在我加入這個家庭之前萊恩養育孩子的方式，我多半想像它是「火車已離站」、是無可改變的既成事實。我有列舉出一些事項，以備我們兩個將來有了自己的孩子要和萊恩商量，這些事項包括摩托車、刀子以及電影。我所擔心的是對孩子不安全或不適當的活動，主要是因為我小時候不曾接觸過這些東西。同時，從我有記憶以來，我的個性就容易擔心——這無疑源自於我父親從事安全管理的工作和我母親容易擔心的個性。因此我想像自己為人父母的樣子時，自然會想讓子女儘量遠離危險。我沒有想過，如果用安全的方式把這些話題介紹給孩子，其實有助於他們更具備安全意識，讓他們更安全。

在阿里出生後，我容易擔心的個性演變成強烈的產後焦慮。在他剛出生的那陣子，即使晚上孩子睡著後，我躺在床上仍無法闔眼。我甚至使用當時還很少見的裝置，透過藍牙連結嬰兒腳上特製的襪子，不時從手機 app 裡監看孩子的呼吸和心跳數據。大寶們一有機會就迫不及待想抱嬰兒，但是寶寶一離開我的手我就渾身緊張不自在。我非常疼愛大寶們，但是自從阿里出生後，某種生物的本能使然，讓我馬上進入極度保護幼兒的「怪物媽媽模式」。萊恩一再向我保證，大寶們只是想幫忙——他會告訴我，孩子們對新弟弟的到來有多開心，但我卻不是這麼想。我經常獨自在樓上幫寶寶哺乳、換尿布（誰會想在國中生的繼子面前做這種事），更加強化了我和阿里之間不容他人闖入的特殊聯繫。

我在結束四個月的育嬰假回到工作崗位後，孩子一整天不在身邊就讓我難以忍受。白天除了要排時間擠奶之外，我還會擔心阿里的安全，不時檢查手機，查看托嬰中心的app裡是否有更新的照片。然而，我一心想要成為職業婦女——過去在中西部想當個全職母親的夢想早已煙消雲散，因為我真心愛上工作，也無法想像自己沒工作的樣子。結果，回到辦公室才兩個月，我又做了令自己驚訝的決定——要全天待在家裡。不管我怎麼努力，還是擺脫不掉自己可能錯過阿里重要人生階段的感覺，這也是我這輩子第一次接受事實，承認人生中有某個東西——或者應該說，**某個人**——擠掉了事業，成了我的優先要務。

我滿懷熱情接受全職母親兼繼母的新角色。我開始從一些事情裡得到滿足感，像是一大早推嬰兒車帶阿里上健身房前，先用慢燉鍋準備晚餐料理；或是我終於學會熟練使用嬰兒背帶，一邊哺乳一邊在房間裡四處走動；或是某些日子我可以剛好算準阿里的睡覺時間，接送杭特上籃球課……這些成就看似微不足道，但是對我這個睡眠不足、必須兼顧一個新生兒和一個國中生的新手媽媽來說，它們是巨大的成就。正當我開始覺得自己終於掌握狀況時，狀況又出現變化。不過短短幾天的事先通知後，漢娜和麗娜也搬來和我們同住（杭特本來就已經和我們同住了兩年，而我們也提過要把兩個女孩接過來）。這代表我有更多孩子要餵養，也有更多行程表需要應付。

到了二〇一八年，我們的女兒琪琪誕生，家庭人口再次擴大。她和阿里兩個人成了我們口中的「小寶們」（The "Littles"）。家裡有五個不同年齡的孩子，這讓我在子女教養工作上無法繼續只扮演副手的角色。我知道自己不能只是遵照萊恩的育兒方式，我必須成為主動的參與者和執行者，我也知道我需要解決焦慮的問題。我不希望自己帶著恐懼養兒育女，同時我也明白，在我覺得自在的程度範圍內採用萊恩的思考模式，有助於我運用知識和力量來教小孩。

「我覺得在教養子女方面，我必須扮演更主動的角色。」有天晚上睡前我跟萊恩這麼說。

「什麼意思？你已經夠投入了。」他說。

「是沒錯啦，不過我只是按照你養育大寶們的方式在做。如今他們三個都和我們同住，我們還有阿里和琪琪，我想確認我們在各方面的立場都一致。」我說。

「當然。」

「我的意思是，我很喜歡你養育大寶們的方式，不過也有些方面我不是完全能接受……我們對小寶們可能需要一些不一樣的方法。」這並不是我第一次和萊恩提到這個問題，不過以前可能只是略帶玩笑的一語帶過。

「我懂，我懂。你不喜歡刀子和摩托車。」他說話的口氣彷彿毫不意外。

「聽我說，我需要了解你這些作法的背後原因，或許我也會同意你的方式。但是，我希望我對教小孩也能有發言權。現在已經不是你一個人的事了——孩子們有**兩個**在CIA工作的父母，而我們觀念上也有不少差異。」

這讓萊恩和我建立起養育子女的共識，這套方法相當仰賴我們**兩人**在CIA的經驗——他的祕密任務和我的情報分析工作。過去，我把時尚感傳授給女孩們，原本幫她們打扮的單親爸爸（萊恩自己也承認）根本不清楚自己在做什麼，現在我打算把更多衡量輕重、分析式的作法帶入家庭。沒過多久，大寶們開始會繞過萊恩，直接找我幫忙他們寫作業。（而且這正合他意！）很快的，我也成了漢娜尋求幫助的對象，因為她覺得萊恩往往模稜兩可，她知道我像她一樣天生一板一眼、講究規矩，也知道我會給她可靠的建議。

有時我們的作法運作順利；偶爾也會出點狀況。（這部分後面我也會跟你說明！）雖然有些事一開始會讓我猶豫，像是騎摩托車和削木棍，不過大抵而言其他萊恩教導孩子的事情——像是安全意識、溝通策略以及財務的責任感——都跟我不謀而合。他協助我把我的CIA知識與技能轉換成育兒常識，幫我找出這兩段截然不同生涯之間彼此重疊、相似之處。我們喜歡把這套方法稱為「CIA育兒術」。

我和萊恩合作，把我們各自在CIA的訓練，轉化成孩子們可以理解的基本概念，並隨著他們的年齡增長來持續建構這些概念。主要的目標是培養堅強、注重安全、獨立自主的孩子。我們希望孩子們不管是在學校教室、或是與朋友一起去看電影，都有能力做出迅速、積極且合乎常識的決定。最重要的是，我們希望他們有預作準備的心態，有做批判性思考的能力，以及能在緊張狀態下保持冷靜。

如今，我們正經歷直升機父母空前氾濫的時代，孩子無法「順利轉大人」。我們認為部分原因，出自於沒有給孩子可以靠自己成功的工具。我們希望協助大家學習這些工具，讓孩子可以在安全狀態下變得獨立、自主。

養育兒女是一趟長途旅程。這段旅程我們也還在持續進行中。不過，我希望跟大家分享，我們如何把這些間諜的專業技巧融入育兒方法中，你也可以學習運用這些技巧，讓你的孩子變得堅強、安全且獨立。我們都希望自己的孩子，在這個快速變化的世界裡，可以發展出生存必需的工具，並期待他們擁有一番成就。說到底，CIA訓練它的員工，是為了讓員工有能力應付各種問題。為了自己的孩子，為人父母者為什麼不能這麼做呢？

PART 2

CIA 育兒法的實際操作

4 有備無患

從日常生活到極端情境的求生法則

「噢，這東西一定要放在『保留』的這一堆。」萊恩一邊說，一邊拿著一個綠色小背袋在手中晃呀晃。那是阿里出生前幾年的事。我們剛搬家，準備共同生活，正要整理一起搬過來的行李。我們的新家是建於一九四九年的老房子，即使它顯然需要重新翻修，不過我們都喜歡這棟房子的風格，腦中已經在構想未來幾年隨著家庭成員逐漸增加，會在這房子裡留下什麼回憶。

「為什麼我們需要這個小背袋？」我問。

「這是其中一個大寶的探險背包……我們有小寶寶之後也可以派上用場。」萊恩回答我。那時，我還不知道「探險背包」究竟是什麼意思，不過它聽起來似乎相對無害，於是我說好啊沒問題，先把它收起來以備不時之需——說實話，關於萊恩說到任何要留給未來寶寶的東西，我都會說好。光是聽到他在同一個句子裡出現

「我們的」和「寶寶」兩個詞，就讓我充滿真實感——彷彿他說的話就會實現。一張木製的小書桌，我們想像中的孩子將來也許會在上面寫字？當然要留下！一個可以搭配書桌的紅色小古董椅？也留著吧。說實話，身為一個新來的繼母，我有時會找不到自己在這個家的位置，特別是像母親節這類的節日，同時我也很渴望有一天能生下自己的孩子。但其實，在我們剛開始約會時，我還曾經懷疑過生孩子這件事是否有可能。

「哦，糟糕，我該吃避孕藥了。」一天晚上，我們在刷完牙準備上床時我跟萊恩說。

「哦，你不必擔心這種事。」他說。

接著萊恩告訴我不必擔心的理由：因為他的第三個孩子出生後，他已經做了結紮手術。我很清楚記得從他口中說出這些話後，我心中震驚和挫折的感覺。他如此滿不在乎的語氣更是激怒了我。

「你不覺得幾個月之前你就該告訴我這件事了嗎？」我努力保持冷靜，提出我的質疑。

「可以再接回來呀。」他用同樣不在意而且樂觀的口氣說。

在之後兩年半的時間，我只能相信他說能接回去的說法。我們以不孕夫妻的身分安排了門診，進行了反轉他多年前的決定的手術，終於換來了痛得死去活來但是滿心歡喜的孩子誕生。

時間快轉兩年，萊恩坐在廚房的桌子前，旁邊是兩歲的阿里。

「哦哦，你的探險背包裡還有什麼東西？」萊恩問阿里：「我們來看看裡頭有什麼。」

「我們來看看！」阿里興奮的回答。

「你的專用手電筒！」萊恩大聲宣布。

「怎麼可能！」阿里邊說邊在裡頭尋找。

他們繼續翻找，萊恩逐一跟阿里介紹每一個物件。那是萊恩為了阿里的第一個探險背包所細心選擇的——一個哨子、一個救難毯、螢光棒、指南針、一副打火石及OK繃。接下來，他准許阿里挑選一些他最喜歡的零食放進袋子裡，以準備我們下午稍後安排的登山活動。雖然孩子們把整理背包當成登山當天的有趣活動，但他有所不知的是，萊恩正開始借用CIA的訓練所學，教導阿里凡事預先準備的重要性。

事實上，凡事要預先準備，正是貫串所有CIA訓練的中心思想。CIA的情報員萬一躲避不了危險（這一點稍後我們會再討論），他們必須準備好在任何情況下生存——不管是美國大使館遭遇恐怖攻擊，或是該地發生暴動，或是天然災害。而且這些都是真的可能發生的事。我自己身為非洲的分析員，不時會聽到我在非洲各地的同事經歷多少危險狀況的第一手消息——包括一九九八年在肯亞和坦尚尼亞的美國大使館發生的爆炸案、西非國家的政變等大大小小的事。

為了在爆炸案和天災等情境中存活下去，CIA探員必須具備面對危機的技能和必需品。CIA的行動官從訓練的第一堂課起就要學習各種求生技能，包括地面導航和急救處理。他們必須通過極其艱難的訓練，以求未來在現實世界中遭遇的情況不致比訓練的情境還要險惡。我在CIA大部分的專業訓練著重在分析技巧，像是撰寫報告、進行簡報和批判思考。不過，你應該可以料想得到，萊恩所受的訓練跟我大不相同。

——萊恩說——

「農場」的地面導航術

我曾經循著我的參數在森林裡走了二十分鐘。我知道我已經很接近了——應該就在前方，但卻沒有。**東西到底在哪裡？**我重頭細想。我小心回推走過的路，試圖重新尋找，卻沒有斬獲。我繼續狂奔十分鐘之後，終於找到了桶子——就在某棵樹的另一頭二十碼遠的地方。我快速取得我的下一個參數，並朝第二個桶子前進。接著，我找出第三個、第四個，最後終於找到第五個桶子。這時，我知道自己快來不及了。我快速衝刺回要塞——總算趕上了。

我在CIA的「農場」參加複雜且吃重的演習。在這裡，我和同學們必須找出隱藏在林地裡的五十加侖木桶，身上只配備一個Suunto指南針（這是直到今天我都還在使用的東西）、一張地圖以及位置的座標參數。他們教導我們如何根據世界各地執行任務的所在地點，在我們的指南針上快速換算出地磁偏角（也就是磁北極與正北極之間的偏差）——這是我上這門課之前從未真正搞懂的事。

十七歲時我在童軍團晉升為鷹級童軍，我知道如何使用指南針和解讀地圖。同時我也得到了我的定向功績徽章。我原本認為自己已經對這些技巧非常純熟，也清楚如何尋找出路——結果完全不是這麼回事。真相是，我在接受「農場」的訓練課程之前，從未真正理解這些技巧。事實上，到這個時候我才不得不承認，童軍團教導我的東西並沒有想像中那般充分。當下我立刻做出決定，我的孩子不管人生面對任何狀況，一定都要預先做好準備。

這些地面導航技巧，對於派駐在阿富汗這類遙遠、危險地區的CIA人員極為重要。除此之外，萊恩在「農場」還接受過包括急難救助、基本醫療和急救技巧。CIA一再強調的一個重點是，如何適當運用止血帶來進行止血和挽救生命。這聽起來或許是基本技能，但教官會特別強調不要低估它的重要性。提供你一個參考數字，在一九九八年肯亞和坦尚尼亞的美國大使館爆炸案中，有超過兩百人死亡，還有大約五千人受傷——所有懂得人工心肺復甦術（CPR）等各種急救方法的人，幾乎都派得上用場。話說回來，這些基本求生技能當然不只對CIA人員有用，你的孩子知道如何對大人做正確的CPR嗎？對嬰兒要怎麼做？他是否知道止血帶是什麼，要用在什麼地方？

談到小孩子的生活經驗，恐怖攻擊聽起來似乎是個極端例子，不過，事前做好準備，可以讓他在任何情境下都有最佳的存活機會，即使這些情境聽起來不大可能發生。我們提供他工具和知識，讓他足以應付各種事情，從最普通的像是忘記帶家裡鑰匙，必須在門外等媽媽回家，甚至是天然災難。這裡我的想法類似於CIA的訓練，是讓小孩為緊急狀況預做準備，同時期盼他永遠不需要用到這些技巧。

你可以從許多角度來看待這些求生技巧，也可以根據自己的偏好來選擇你的孩子要著重哪些項目。更重要的是，你要教導孩子，萬一出現不管是天災、戰爭、流行病、或是經濟崩盤的情況，貨品和服務的流通可能中斷，混亂動盪隨之而來。事實上，當迫切的災難一有跡象，貨架上的貨品就可能開始消失。

我們可以拿COVID-19在二〇二〇年初爆發的情況來做例子。我們看到人們大肆搶購衛生紙、紙巾、消毒劑、米、豆子、麵粉、酵母粉等。基於這種非常實際的理由，我們在家裡會貯存急難用的食物和民生用品。我們住家靠近一條河，因此我們還準備了過濾設備以確保擁有乾淨的水源。同時，我們也儲存了許多小物件，它們在錢派不上用場的時候可以成為很好的交易品——你可以想想一些必需品，或者香菸、小瓶裝的酒、以及口嚼煙草這類嗜好品。

當狀況發生時，絕大多數的人們並不懂得基本求生技能，這是因為我們的文化重度仰賴現代的便利用品和科技，我們無法像過去的人類一樣照顧自己。大體而言，現在的人們不知道如何製作奶油、肥皂、種植蔬果、做鐵工、或是如何利用草藥治療病痛。

如果你是醫護人員，或許會著重去教導孩子貯備醫藥用品的重要性，這些用品在貨物和服務的流通中斷或停止時很可能出現短缺。你也可以著重在教導他們用順勢療法（homeopathic ways）處理病痛。如果你喜歡露營，那就把重點放在教孩子們如何生火，如何在野地求生。或許，你在意食物短缺的問題，你可能會想開始打造自己的菜園，萬一無法取得食物時，你的家人可以栽種自己的食物。

在COVID-19疫情期間，我們看到園藝活動大幅增加，包括許多初次嘗試在園子裡種菜的人們，人們甚至把它和一次大戰和二次大戰期間的「勝利菜園」（victory gardens）相提並論。如果你住在鄉下地方，可能考慮養些雞，好定期取得新鮮的雞蛋。不管最後為家人做什麼決定，最重要的是要記住：**教導你的孩子適當貯存食物的技巧或園藝的技能**，這是培養他更多求生技能的好辦法。萬一，當我們再次遇到急難狀況，你和你的孩子會有更完善的準備。如果說COVID-19教會我們什麼的話，那就是急難糧食的貯存和預作準備不再只是古怪的末世教徒才會做的事。它是明智且絕對有必要的事。正如我們親身學到的教訓，看似不可能發生的事，有可能在極短的時間內變成**真實發生的事**。

我必須說清楚，我絕對不是在暗示你要囤積物資。我要強調，**你不應該囤積物資**，尤其是在已經出現緊急狀況或是開始露出徵兆的時候。的確，總有些人會這樣做，像是把個人防護裝備（Personal Protective Equipment，簡稱PPE）從最迫切需要的醫護人員手中拿走，但是你其實不需要這麼做。只要能事前思考和規劃，你可以避免和一般人一樣，在最後關頭才衝出門一起爭搶物資。

稍微轉個話題。當你想到求生技能時，可能會衡量是否要使用武器自衛。

CIA人員受過許多先進的武器訓練，不過武器並不只是為了防身之用，必要的時候，它們也可以用來取得獵物。舉例來說，萊恩在大寶們年紀很小時，就教導他們使用長弓射箭，他知道在必要的時候，弓箭可成為獲取食物的好工具。在我初次遇見大寶們時，他們非常熱衷射箭，因為當時《飢餓遊戲》（*The Hunger Games*）系列電影正紅。特別是漢娜，因為她連小說也讀完了，並且對主角凱妮絲情有獨鍾——不管是她的棕色長髮、或是她對冒險的熱愛，更不要說她保護弟妹們的天性——這是萊恩把求生技能變得有趣刺激的另一個例子。在此同時，他也知道這可以傳授給大寶們重要的生活技能，將來萬一有一天出現急難狀況、或需要自我防衛時會派上用場。幾年之後，麗娜在七年級體育課的射箭比賽裡大顯神威，她的許多同學——尤其是女孩子——從來沒有接觸過射箭，麗娜則是箭箭命中紅心，連男孩子們都自嘆弗如。這類技能可以讓你的孩子超越群倫，同時也為不可知的世界預作準備。

眼前的事實是：人類流傳幾千年的基本求生知識變成失傳的技藝。先找出你想要你的孩子學會什麼，選定好你希望他們著重學習的知識之後，就可以開始規劃如何介紹你所安排的科目。

從冒險開始

在天災巨變中求生——這概念聽起來很可怕！你要如何跟孩子解釋卻不至於嚇壞他？一開始，要先退一步，想想看孩子在這類情況裡存活需要有哪些技能。舉例來說，萊恩從小就灌輸大寶們——之後是小寶們——求生觀念。他一開始給的是登山的探險背包，裡頭放了像是OK繃帶、指南針、手電筒、點心以及果汁。我就沒想過要給孩子們自己的急難背包，並讓這件事變得刺激好玩，但是看到阿里興致勃勃的樣子，我立刻知道這的確是很棒的策略。

隨著大寶們逐漸長大，這個概念演進成求生包，或是我們所謂的「出門包」（go bag）。當CIA人員派駐到外站時，每個人也都會發一個「出門包」，放在他們的的車子裡或辦公桌下，以應付突發的緊急情況。我們在家裡也採用這種作法，孩子們在熟悉探險背包之後，這也是很自然的下一步。我們家每部車子裡都放了一個「出門包」，裡頭的求生設備包括火柴、毛毯、禦寒斗篷、火種、塑膠帆布、手電筒、電池、地圖、柴刀、小刀、胡椒噴劑、醫療急救包、水、食物、一百個二十五分錢銅板、一百張一元紙鈔。小額的紙鈔和硬幣可以應急，因為銀行系統和提款機有可能暫停使用或故障。「出門包」裡的物品數量會根據搭車出門的人數做調整。我們在家裡也為每個孩子各自準備了一個「出門包」，在使用其他交通工具像是步行或是騎摩托車時可以帶著出門，這也是我要談的下一個重點。

✔ 沒辦法自己開車時怎麼辦

如果孩子所面臨的急難狀況不容許你或他跳上車離開，那該怎麼辦？這時候，腳踏車和摩托車就派上用場了。我第一次也是唯一一次騎摩托車的經驗，是在還未遇見萊恩的幾年之前，我坐在另一位風度翩翩的CIA行動官的哈雷機車後座，他有著酷似男星馬修・麥康納（Matthew McConaughey）的外貌。我猜你們會說我是活在電影《絕配冤家》（*How to Lose a Guy in 10 Days*）的幻想情境裡。但這段感情來得急也去得快，熱情隨著暴衝燃燒殆盡——還好，摩托車沒出事。不過，這段經驗仍讓我在短時間內、甚至是永遠不想再坐上摩托車。

接下來我與摩托車的第二次接觸則截然不同。

「要抓緊喔！」我對著六歲的麗娜大喊，她身體緊貼著我，和我一起坐在萊恩的四輪車上。我們緊跟著前方的萊恩和兩個孩子，他們三人騎著越野摩托車把我們拋在後面。你沒看錯——漢娜和杭特，當時分別是九歲和八歲，正騎著他們自己的50CC本田摩托車。麗娜雖然只有六歲，也已經學會騎車，不過她選擇和我一起坐四輪車。我當下所面臨的並不是在二十來歲當紅CIA行動官面前展現勇氣，而是要在小學一年級生面前假裝勇敢。我不能顯露自己有多麼不自在。如果連她都不害怕，我當然也不能怕。

萊恩從大寶們的腳碰得到腳踏板之後，就開始教他們騎車。從一開始的滑步車再到腳踏車，最後進展到摩托車。萊恩告訴我，杭特兩歲時騎腳踏車就不需要輔助輪，我從不相信，他也沒有任何照片或是影片可以證明，我認定這不過是愛現的父親的誇大之詞。一直等到阿里在兩歲時騎著沒有輔助輪的腳踏車上路時，我才知道這跟萊恩當初對杭特的描述一模一樣。

接下來就是摩托車。萊恩很早就相信——現在仍是——當馬路上汽車無法通行時，騎摩托車會是關鍵技能。幾乎在每一部關於世界末日或天然災難的電影裡，必然會有人們從城裡逃出來或是趕往某個安全地點避難的場景。大馬路或是被封鎖的高速公路，或是交通陷入癱瘓，這時就如同電影《彗星撞地球》（*Deep Impact*）

裡艾利亞．伍德（Elijah Wood）穿梭在車陣之間一樣，我們也要準備好騎上摩托車。也因為如此，我們家裡一定保有數量足夠全家人使用的摩托車，準備在天災來臨或出現某些緊急狀態時可以順利逃亡。腳踏車也能發揮相同的功用，特別是在大城市裡。

萊恩的辦公地點換到西雅圖市區後，他甚至在辦公室多放了一輛摩托車。他平時用這輛摩托車穿梭於市區的大樓之間，不過主要理由是為了萬一有事要儘快出城。舉例來說，西雅圖位在斷層帶，經常有人提到該來的大規模地震似乎遲遲未發生。我們知道，一旦大地震真的出現，萊恩大概很難逃離市區，經過華盛頓湖，再回到我們靠近喀斯開山脈的家。有部摩托車在辦公室讓我們心情比較篤定，知道他有機會快速且安全的回到家。

大寶們從很小開始學騎摩托車，不過真正讓我印象深刻的，是漢娜在她十六歲時拿到駕照的那一刻，她的駕駛技術得到了正式背書。她是駕訓班裡唯一的女生，也是最年輕的一位。有幾個大人考照當天仍無法通過考試，但是漢娜憑藉多年的騎車經驗輕鬆過關——無疑讓現場許多的人大感驚訝。不過，如果你還不是百分之百確定是否該騎摩托車（我得向大家承認，我自己也不是完全接受，所以你如果不能接受也不必覺得不自在），或是不確定是否該讓你的孩子學騎車（老實說，對於小寶們是否要學騎我仍在考慮中），你可以考慮替代的選項：像是輕型機車（Scooter）、腳踏車或電動腳踏車。

事實上，我認為輕型機車更好用。在我和萊恩交往的階段，他就讓我實現了擁有和騎乘輕型機車的夢想。雖然我很早就想擁有一台偉士牌機車，但它也是我絕不可能去買的東西，我認為自己缺少騎車所需的冒險精神——畢竟我從未騎過。不過，我喜歡偉士牌車子的外觀，更重要的是，我喜歡想像自己騎著它穿梭在某個歐洲城市的街頭，後背包露出一根長長的法國麵包——或許等下輩子吧！我心裡常這麼想。

「噢，我喜歡那部紅色的小偉士牌。」我指著停在派克市場（Pike Place Market）入口的車子，這麼對萊恩說。

「噢，是嗎？」

「是啊，我一直想要有一部。」我隨口附和。在走到我們最喜歡的法式麵包店「帕尼耶」路上，我不經意的這麼說。但事實上，這段對話對我而言並不值得記下，甚至稱不上是一段對話。因此，在幾個月後，當萊恩牽著紅色偉士牌小摩托車來到我家門口時，你可以想像我有多麼驚訝。

「這是你的車了！」他露出一臉笑容對我說。

「什麼意思，這是我的？」我驚訝得說不出話來。

「我買給你的！你說你一直想要有一部。」他驕傲的說。

我當下不知該說什麼好。老實說，我期待的下一步大動作是他向我求婚，但我也知道才剛離婚的萊恩，對於這進一步的動作仍有些猶豫。而且，他說的沒錯，我一直想要一部偉士牌機車。唯一的問題是：我還不會騎車！但是，在萊恩的幫助下，我學會了。雖然不是求婚，但它卻是女性在看浪漫喜劇電影時最傾心嚮往的完美畫面：一年後，我們一起騎上這台偉士牌，從我們的婚禮會場離席。所以或許你可以說，一切是美夢成真。我當時未曾想到的是，萊恩早在我們一起為人父母之前，就開始幫我為應付緊急狀況做好準備。

✔ 教導孩子們生存的重要原則

雖然我們建議要根據你自己的興趣領域來為孩子加強求生訓練，這裡我們仍要簡單整理萊恩和我心目中，教導孩子們的最重要技巧和技能有哪些。有些家庭可能會選擇撥出一段完整的時間，也許是一天、或者是一個星期，來教導孩子們求生的觀念；不過，我們會建議最好用靈活自然的方式，把這些觀念融入孩子的生活作息之中。不管怎麼說，我們希望這些觀念是有趣、有多重功用的，而且不至於讓孩子望之卻步。我們對自己的孩子運用底下的一些技巧，也建議大家可以把這些技巧應用在家人身上：

一、製作你自己的求生包，並讓孩子們一起參與

不管你的孩子是正要準備探險背包的幼童，或是已經準備學開車的青少年，你都應該和他一起坐在餐桌上討論，製作個人化的求生包。要確認他決定在背包裡放哪些物品且能扮演什麼重要角色，並能理解每件物品的用途——畢竟如果不知道裡頭裝了什麼，那麼急難背包也就毫無用處。阿里的冒險背包如今成了每次爬山時的必備項目，另一個附帶好處是，它還成了今年萬聖節他裝扮印第安納瓊斯的重要道具。

二、知道如何隨機應變

要確認你的孩子知道，科技**必然**有不管用的時候，而且在科技不管用時該如何隨機應變。在使用手機和 Google 地圖如此便利的世界裡，孩子必須知道，過度依賴科技存在著風險。緊急狀態出現時，手機網絡可能失靈，孩子必須學會應變。舉例來說，有個晚上我家女兒懷疑被人跟蹤了，她們躲進一間加油站並跟他們借用電話，因為她們把自己的手機忘在家裡。在一個不出錯的完美世界，那天晚上她們不會忘記帶手機，但是這個世界難保不會出差錯。我們必須記住，這裡談論的主角是小孩子，他不見得會永遠記得我們給的每一項叮嚀，他必須知道如何靠自己獨立思考。給孩子練習的機會，去嘗試經歷各式各樣的情境，好讓他有大致的概念，在出狀況的時候——比如：忘了帶手機、車子拋錨、道路因為山崩而封鎖——都知道該怎麼做。孩子如果理解事情的發展不必然盡如人意，而且不能永遠依賴科技，將有助於設想替代的應變計畫。

三、回歸基本知識

當事情出乎預料，孩子被迫隨機應變時，使用地圖、指南針，以及能夠辨識東南西北的方位，不只是有用的技能，也是救命的技能。他對初步導航技能必須有基本的認知，像是日出日落的位置，以及如何利用星星來找出方向。哈佛大學物理學教授、也是《尋找路徑的消失技藝》（*The Lost Art of Finding Our Way*）作者約翰·赫斯（John Huth）在南塔克特灣泛舟時，親身經歷學會這些能力的重要性。當時海上起了濃霧，赫斯在沒有指南針的情況下順利回到安全的地點，因為他出航之前，已事先注意到風與海浪方向等環境線索。他事後才得知，當天在同樣環境下有兩名泛舟客不幸罹難。除了學習察覺環境線索之外，你也可以教導孩子利用地標來找出方位。舉例來說，當我們覺得大寶們年紀夠大時——當時他們分別是十五歲、十三歲和十一歲，我們開始送他們到西雅圖市區，讓他們在暑假時探索城市。我們給他們一份紙本地圖，告訴他們活動結束後的集合時間和地點，然後他們就自行出發了。你會希望你的孩子也有同樣的自信和能力，可以在一個大城市裡盡情探索，從森林裡找到出路、或是從水中回到岸上。

四、指定家人的會合地點

說到會合地點，它不只是我們的孩子在西雅圖市區閒逛的日子裡會派上用場，我們也建議大家可以有個家庭的祕密會合地點，以應付天災這類緊急狀況時家人彼此分散的情況。大家應該要有第一選項和第二選項，比如說，假如你偏好的會合地點、也就是第一選擇是在住家，那麼，萬一森林大火吞噬了你們家，讓你們無法順利到達時該怎麼辦？這時你需要替代的地點，也就是第二選項，讓所有家人最後可以會合。

五、安排逃難交通工具

在幫助孩子製作自己的求生包、訓練如何導航、並且設定家人的會合地點之後，接下來就要確認緊急狀況下可使用的各種交通工具。首先，要確認子女的車裡永遠有配備急救包，同時汽車油箱裡要隨時存著一半的油。準備好交通工具之後，可以如前面的討論一樣，開始考慮其他替代的交通工具。也許你得花錢購買並且教導孩子如何騎摩托車，或者可選擇輕型機車、電動腳踏車。找出對你的家人而言最適合的交通工具，同時做好必要的防範措施。

六、尋找適當時機教導孩子們心肺復甦術和急救處理

ＣＩＡ會訓練員工學習急救處理和心肺復甦術；同樣的，你也應該給孩子這些訓練，在本地醫院和消防局找尋適當的學習機會。舉例來說，大寶們全部都有施作心肺復甦術的合格證書，同時我們也在本地的醫院接受急救處理和保母的認證課程。

在你採用上述的技巧，並選定要加強的求生技能之後，我建議大家進一步把這些技能融入孩子的日常生活之中。你和家人們一起擬定一套經過深思熟慮的急難準備計畫，讓你用不著在緊急時刻才急著出門採買。我希望你們可以坐在家中看著電視新聞，告訴自己：「還好，感謝老天，我們有座菜園！」或者「感謝老天，地下室有米和豆子夠我們撐一個月。」我希望能消除你的家人的恐懼，在準備就緒的情況下臨危不亂，我也希望你能把臨危不亂的態度灌輸給你的孩子。同時別忘了，過程必須好玩又有趣。

5 遠離危險因子

偵測和躲避危險的教學

幾年前的一個秋天晚上，萊恩接到一通陌生號碼打來的電話。和許多父母親一樣，孩子們出門不在家時，我們會接聽陌生號碼的電話，因為它有可能是自家孩子打來的。這次的情況正是如此。

我們家的老大跟萊恩說她忘了帶手機，所以從城裡的加油站打電話回家。她和妹妹步行半英里的路程正要回家，注意到有兩個鬼鬼祟祟的男子一路尾隨她們。她們沒有朝回家的方向繼續走，而是選了另外一條、街頭光線較明亮的路線，以免跟蹤的男子知道她們住在哪裡。她們走到了一個人手比較多的加油站，在這裡借了電話，要我們接她們回家。

當天晚上我剛好在市區同一條街上與幾個女性朋友吃飯，因此萊恩打電話要我順路到加油站去接孩子們回家。我抵達時，竟然沒看到她們待在裡面——她們採取了策略站位，可以看到外面的動靜，但外頭的人則不容易看到她們。

她們順利上車。我們一起開車回家的短暫路程中，女孩子們有些緊張，不過情況大致良好。在那個當下，我並沒有細想整件事為何會如此變化——我只是很高興我們的女兒安然無恙。不過事後回想當時的情況，我了解到她們當下其實做了很聰明、有謀略的決定——這大半都要歸功於萊恩在她們還沒到自己可以出門的年紀之前，就開始訓練她們。

✔ 遠離危險因子

CIA的田野訓練裡，被奉為圭臬的一個觀念是「脫離危險因子」（getting off the X）。什麼是危險因子呢？它可能有各種不同的形式。危險因子可能是任何東西：一個人、一部車、一棟建築、某個環境——基本上意思是危險露出它醜惡的徵兆，直覺上叫你快閃的任何情況。你該做的是認出危險，並且盡可能快速反應，起碼你要離這個危險因子越遠越好。你待的時間越久，受傷害的可能性就越大。

我在CIA任職時很早就學到這一課，當時我正為第一次到南非普勒多利亞的短期任務做準備。雖然我大部分時間都待在維吉尼亞州蘭利的ＣＩＡ總部，偶爾我仍要到國外出差，藉由實地研究來加強我的專業。我一到ＣＩＡ駐南非的辦公室之後，他們就告訴我晚上開車時，要把紅綠燈和停車標誌當成危險因子，不要隨便停下來。相反的，我該做的是小心的開過去——砸車搶劫在這裡相當頻繁，也就是說，有人會趁機砸破你的車窗，然後從副駕駛座搶走你的錢包。在這座城市裡，停在紅燈前，反而會讓自己成了盜賊的目標。（我必須聲明，這絕對不是在美國開車時的建議作法！）

由於我去的地點特殊，加上多半是獨自行動，我已經習慣保持高度警戒，隨時準備在必要時刻擺脫危險因子。我會把錢和信用卡藏在衣服內襯，同時準備好萬一搶匪出現，就要放棄手邊的皮夾或錢包。不管多少錢都比不上你的命重要，ＣＩＡ的訓練教導我們要以最快速度擺脫危險因子——這可能意味著，遇到搶匪最好把錢包自動奉上，或者如果可能的話，把錢包丟到一邊讓歹徒去搶，然後自己朝反方向快逃。

雖然我對這個概念很熟悉，但直到我和萊恩相遇後，才想到要把「擺脫危險因子」傳授給孩子們。在非洲旅行時，我自然會啟動高度的警戒心態，但是一回到北維吉尼亞，我又會卸下防備。萊恩徹底翻轉了我的這種想法，他告訴我，從小孩子們能理解「擺脫危險因子」的意思之後，就要開始教他們了。

「讓他們思考這些嚇人的概念，會不會還太早了？」我們剛談戀愛時，我這麼問過他。孩子當時分別只有六歲、八歲和十歲。

「他們會害怕，是因為你把它弄得讓人害怕。」他告訴我：「教導他們什麼是危險，以及如何避免危險，反而能讓他們不害怕，並且可以加強他們的能力。」

萊恩認為，灌輸孩子們這些觀念永遠不嫌早。但我仍然擔心介紹這個議題，基本上是剝奪了他們童年應有的天真：難道我們不能讓孩子的童年越長越好？這世界是個可怕的所在——難道我們不該保護他們越久越好？不過現實的問題是，如果我們真的這麼做，反倒是害了孩子。我們沒有幫他們為面對真實世界做好準備。因為總有一天，他們要面對這個世界，我們不只希望他們能存活——當然，這很重要——我們還希望他們飛黃騰達！正如萊恩的解釋，只要我們用適合他們年齡的方式教導他們，我們可以訓練孩子能力變得更強，而不致把孩子嚇壞。他讓我了解，我們可以把ＣＩＡ的訓練和田野工作，用不同的方式應用在養育子女的工作上。除此之外，我們各自的工作經驗——他在歐洲和中東等地擔任行動官，我則是往返於非洲的分析員——讓我們可以運用各自獨特的觀點來教導孩子們。

萊恩不光是把這些觀念應用到子女養育的**想法**而已，更重要的是他介紹這些觀念時的**作法**。他可以用平靜、甚至是有趣的方式向孩子們解釋這些觀念，不至於讓孩子焦慮或恐懼。我最喜歡的一個例子是，在我們還沒結婚前，我們開車跟孩子們一起到我在西雅圖郊區的租屋處。這段路上會出現一條岔路，每當我們的車子接近這裡時，萊恩就會說：「噢，不妙，各位！後面有人跟蹤我們！該不該把他甩掉！」孩子們就會興奮的大喊：「當然要，開始吧！」這是他固定會玩的把戲，所以他們都知道接下會發生什麼事。萊恩會加速到最後一秒，然後突然快速向右轉入替代道路，把想像中跟在後頭的車子甩得遠遠的。

「好險，擺脫他了！」他會一邊說一邊對我眨眼睛。

「歐耶！」後座的三個孩子則會大聲歡呼。

話說回來，現實生活裡CIA的訓練從來沒有教如何擺脫跟蹤你的人（下一章我會討論更多），萊恩用這個方法目的是簡化概念，以適合孩子年齡的方式讓他們理解「擺脫危險因子」。比如這裡出現的情況就是：後面有危險分子，我們必須儘快擺脫它。

✔ 什麼是生活中的「危險因子」？

從過去幾年和萊恩一同養育子女的經驗中，我學到了在孩子的日常生活裡「危險因子」可能有眾多形式，其中有些特別可怕。你的孩子想去參加派對，但是主辦這場派對的同學似乎不大可靠？——它有可能就是個危險因子，你會希望他最好別去。或者，你的孩子練完足球需要你去接，如果趕不及的話，要讓他先往家的方向走，你到半路再接他上車？還是讓他留在學校等待？從我所受的訓練（以及從萊恩身上）學到的是：與其「擺脫掉危險因子」，還不如從一開始就**「避免讓危險因子出現」**。

為人父母者很容易把這個建議過度解讀，所以眼中的危險因子變得無處不在。我前面提過，我在阿里出生後的前兩年經常處於這種狀態。我有時候會取消一些大批人群聚集的活動；在琪琪出生之後，一想到要同時帶兩個孩子去公園就煩惱，我乾脆不去一些會令我卻步的公園。有一段時間，我帶阿里出門時甚至把GPS追蹤器裝在他的衣服底下，因為我不時擔心有人會想把他拐走。我也知道，有些媽媽們不准小孩去電影院，因為她們擔心會發生槍擊案——不過，我們應該知道，公園和電影院是帶給我們歡樂的場所，不應該是讓你和你的孩子產生恐懼和偏執妄想的地方。重點在於**不要過猶不及**。這些年下來，我的焦慮感降低了，部分原因是荷爾蒙分泌變穩定了，更重要的是萊恩幫助我理解什麼是合理的擔心，以及如何協助孩子們自己去面對世界。我得感謝有這樣的準備工作，讓我在琪琪快滿兩歲的那年春天，某個下午我帶阿里和琪琪去公園遇到狀況時知道要如何應付。

那天，孩子們騎車，我則是步行，我們三人在跑道上繞了半圈，這時有個慢跑者在我們背後出現，我們靠到一旁讓他先過。我注意到他在我們前方停了下來，跟一個騎腳踏車的男子講話，這兩人的穿著在公園裡顯得不大搭調——他們都穿著寬鬆的連帽上衣，而且帽T的帽子都戴在頭上，遮住大半個臉孔。徒步的男子朝另一個方向離開，騎腳踏車的男子則從我們身邊經過，繞了一圈後又再次經過我們身邊。我的直覺告訴我，事情有點不對勁。我盡可能保持冷靜，並告訴阿里要跟緊一些。我知道我們最好盡快回到車上，但是我在孩子面前要努力保持鎮定，期待孩子們也能冷靜並聽從我的指示。

我環顧四周，腦中快速盤算幾個可能的作法。那天在公園裡的人很多，不過放眼望去，我知道所有人都離我們太遠，如果有人要帶走我的兩個孩子或其中之一，我都會來不及呼救。讓我更加焦慮的是，我們位於跑道的位置，旁邊正好和一條大馬路平行。如果有人想帶走孩子，他們可以在我來得及反應之前迅速逃走。這時我突然想到，我把皮包裡的瑞士刀留在家裡，胡椒噴劑則是放在車上——我一直想過要在身上帶些防身武器（這一點在第七章會有更多討論），但萬一我們遭到攻擊，我沒有任何東西可以保護自己或是孩子。但是，大白天的我為什麼會成為攻擊對象？我身上並沒有帶錢包或任何的提袋，因此在我看來，我身邊最有價值的就是我的兩個孩子。我想過要對這名男子大吼，要他別再纏著我們，不過直覺告訴我，該做的不是和他正面衝突，而是設法冷靜的回到車上。我也沒多花時間拿出手機來拍照，而是憑眼睛觀察這個男子的「GRAB」特徵（也就是性別〔gender〕、種族〔race〕、年齡〔age〕和體型〔build〕），好在必要時告知警方。這是我在CIA所學到的技巧，下一章我也會進一步詳述。

當這名男子第四次繞過我們身邊時，我決定不再浪費時間。我把琪琪從滑步車抓下來，抱著她和她的車朝我們的汽車快步走去。我告訴阿里，我們必須盡快回到車子上，當我發覺他因為不想離開公園導致情緒快要失控時（要讓三歲的孩子離開公園需要費一番工夫），我答應在車上我會給他特別的獎品。我知道我必須讓他們安全回到車上，同時我也禁不起他鬧脾氣而造成任何耽擱。回到車上，我一坐進駕駛座就先把車門上鎖，然後再爬到後座幫他們把安全座椅扣好。於是車門上鎖，我們三人都安全回到車裡了。如果按照我平常的習慣，我會先在停車場幫他們扣好安全座椅，才回到駕駛座。

騎車的那名男子已經不見蹤影，我安全開車離開公園的同時，腦子裡把整件事回想了一遍。我深呼吸一口氣，告訴自己，孩子們安全了，我們安全了，一切沒問題。那兩名男子交談的那一刻，我的直覺告訴我，他們是同夥的，而且儘管我努力不去想，還是甩不掉我差點就要失去孩子們的念頭。不過，這不足以讓我去報警，畢竟，實際上什麼事都沒有發生不是嗎？我何必增加警察的業務？直到我和我媽在一個小時後通了電話，我才明白報警是必要的。

「你應該馬上報警，讓警方知道。」她說：「你不會希望這種事發生在別人身上。想想看其他帶著孩子到公園的媽媽們。」

「是啊，你說得對。我應該通知警方。我不希望這種事發生在別人身上，出現我們不想看到的結局。」我說完馬上掛電話，打給警察局的非緊急電話。

值班人員接了電話，我跟他詳細描述在公園發生的事。

「我在ＣＩＡ工作多年，曾經接受偵測跟監技巧的訓練。」通常在社交場合中我不會透露過去在ＣＩＡ的經驗。（如果我聽到任何人這麼說，一定會讓我想翻白眼吧？）不過，這次我必須說了，因為我擔心對方會不認真看待我說的話。要是他們認定我只是個反應過度的媽媽該怎麼辦？

「我不是反應過度的媽媽。」我繼續解釋：「這是我帶孩子出門最害怕的一次經驗。我很清楚，那兩人一定有問題。」

十分鐘之後，一名員警回電給我，我再重複一遍我的說法，想表達陳述的正當性。很快的，我就知道沒有這個必要，因為我的直覺是對的。

「我還希望你能早點打來。」這位警官告訴我。

「噢？」

「我剛剛在公園遇到這個傢伙，因為我們接到好幾通關於他的報案電話。我到公園時，他正在廁所施打毒品。」警察向我解釋，下次再遇到這樣的情況我應該立刻報警。我說我會，但我比較希望以後別再遇到。

掛上電話，回想剛才的一切，我坐在床邊不小心哭出來。雖然警察無法證實這個人是綁架未遂的嫌疑犯，但得知這個人正在施打毒品，便可以解釋他的怪異行為，當時的情況下我的直覺反應是對的。這是你最不希望被自己猜對的時候，你寧可自己真的就只是個反應過度的媽媽。萊恩幾個小時後下班回家，我仍處於驚嚇的狀態。

「你一切都做得很對。」他如此安慰我。「你把危險因子擺脫掉了」。

「我想你說的沒錯。」我說：「但是我應該早一點報警。我忍不住想，我差一點就要失去我們的寶貝了。」我一邊說一邊投入他的懷裡，淚水再次占據我的臉頰。兩個小寶出生之後好幾個月的時間，我都陷入孩子會被別人帶走的恐懼之中，這一次我是真的遇到危險了。我知道我的焦慮感永遠不會完全消失，不過，事先防範、辨認並避免危險情況，幫助我度過這次的難關，同時也讓我在日常生活裡更有自信的帶孩子。

✔ 教導孩子察覺和避免危險的重要原則

我希望這些技巧，不只可以幫助**你自己**做好萬全準備來擺脫危險因子；我還希望你教導孩子這些技巧，讓你往後的日子可以更加放心。要做到這一點，你先要記住過猶不及。我們要記住，孩子畢竟是孩子，但我們也要適當給予一點獨立自主性。我們可以教導一些重要原則，幫助他察覺出自己身邊的危險因子，期待他可以完全避開，或是事先準備好，用最安全的方式做出反應。

一、聽從你的直覺

你可以教導小孩最重要的一課是如何偵測危險，其中的關鍵是要學會聽從他的第六感。教導孩子去體會這個感覺，在哪些時候會讓他的頸背寒毛豎起——這往往是重要指標，如此一來才能告訴他要透過下列的一些作法來擺脫危險因子。萊恩剛接受ＣＩＡ的任務訓練時，曾經付出不小的代價才學會這一課。

——萊恩說——

相信你的直覺

我剛進CIA不久就學到了「擺脫危險因子」。事實上，這是我在CIA祕密的間諜訓練機構——也就是所謂的「農場」——最早留下的記憶之一。當時的訓練課程是要學習如何在充斥公路炸彈和恐怖攻擊的高危險環境執行任務。在一次演習的夜晚，我和三個同學、一位教官一起開車經過黑暗的道路。我知道，如果在這時犯了錯誤就糗大了。不過當時我還不明白，在CIA的訓練中，失敗是最好的學習方式——才能讓學到的東西烙印在腦海裡。事實上，大部分演習的設計都是為了讓其中一部分的學生犯錯。犯下錯誤的學生隔天會成為教材範例，透過這些教訓，教官要確保所有學生在失敗代價更加慘重的真實世界裡，不致犯下同樣的錯誤。

我們開車前進，車門上鎖，眼睛緊盯前方，並不知道會遇到什麼障礙，這時我們發現在前方一百碼左右有個東西——可能是個箱子或是垃圾。我們看不出底細，但知道它有點可疑。這時候我在後照鏡裡注意到從後方接近的汽車頭燈，我們面臨的威脅是在前方還是背後？或兩者都是？還是它們只是假警報？做出迅速、合理的判斷是CIA探員在實際狀況下被要求具備的能力，這幾個月的密集訓練，正是我們展現這些能力的機會。和我同車的團隊並沒有加速通過前方未明辨的物體，而是選擇減速來確認前方的箱子是否具有威脅、或者危機來自後方逼近的車頭燈。但接下來，只見教官湊過來對我說：「你們全部陣亡了。」一代表公路炸彈的這個不明物體，剛剛已經把我們殺死了——我們太靠近危險因子了。

回想當時，我想過應該要把車子掉頭，但是我卻不由自主的想先確認前方的威脅。我知道它是公路炸彈嗎？不知道。我知道它有可能是公路炸彈嗎？知道。因此我應該掉頭把車開走。不久之後我就發現，大部分學生在這個訓練課程裡都跟我有同樣的反應。儘管前一天才學到要擺脫危險因子，我還是忽視頸背寒毛豎起的直覺，沒有把車子調頭，而是選擇把車子朝箱子的方向慢慢開過去。

在這段訓練的開場，大部分學員都太過接近箱子，因此在它爆炸後「陣亡」。這是初入「農場」不容易馬上學會的一課。你必須相信你的直覺。如果某個東西看起來可疑，它就一定可疑。

要教導孩子們聆聽他們的直覺，有許多方式可以選擇。譬如，和他們討論過去某個特定的經驗，談談這個經驗帶給他們的感受。就我們的孩子來說，可以討論兩個女兒被跟蹤的那次經驗。如果你的孩子們沒有感覺過某件事不對勁的親身經歷，你可以用幾個不同類型的例子來說明重點。

想像一下這個情況：你的女兒和她朋友、朋友的父母親一起去外面餐廳吃飯。他們享用了美味的晚餐，朋友的父母親還喝了點酒——這一切並沒有不尋常。不過，你的女兒注意到她朋友的父親多喝了幾杯，舉止變得有點奇怪。他變得喧鬧，不像平常安靜的樣子，起身上廁所時走路也是搖搖晃晃的。你的女兒開始覺得不大舒服，因為她知道朋友的父親是負責要開車送她回家的人。這時她該怎麼做？

這是你和孩子可以好好討論的例子，你們不只可以討論如何傾聽直覺，也可以討論如何用適當的方式擺脫這個情況，它其實就是一種「擺脫危險因子」的練習。這裡我們對自己孩子建議的方法，是跟朋友的父母說身體不舒服，請求允許打電話給我們來接回家。然後，家長自然可以進一步討論，你得和你的伴侶討論是否需要設下規定，比如未來是否還允許孩子跟這一家人外出，以及你是否要親自出面和對方父母詳細說明整件事情的來龍去脈。不過這次經驗最重要的教訓是，讓孩子憑直覺行事來擺脫危險因子，即便這可能會冒犯到某些人，也沒有關係。

我們也發現，有個好方法是幫孩子預先想好一些說詞，因為有的孩子會因為不想傷感情，或擔心冒犯別人，而無法直話直說。如果你的孩子也有這個問題，可以事先準備一些擺脫這類情況的說詞——這也是一個好機會，可以讓你和孩子之間建立一套通關密語，當他的直覺告訴自己該離開時，可以在打電話或發簡訊給你的時候使用，你也不需多問其他問題。只要一說出原本約定的通關密語，你就去接他，或給他離開的說詞，讓他離開時也能保留面子。

你也可以透過孩子喜歡的節目或電影說明如何聆聽直覺。電影《海底總動員》（*Finding Nemo*）裡，多莉想要穿越海溝游過去，她說不清原因何在，就是覺得這樣比較安全——這就是個絕佳的例子。馬林卻堅持要從海溝上方游過去，結果遇上了會螫人的水母。就像多莉一樣，你的孩子可能一時也無法解釋清楚**為什麼**會感覺某件事應該、或不應該去做，我們希望幫助他了解，如果無法解釋清楚也沒有關係，聆聽內在的聲音可能是件好事。（當然，以多莉的情況來說，那是因為有人跟她說過別從海溝上方游去，但是因為她喪失短期記憶所以記不起來。）如果馬林和多莉聽從多莉的直覺，他們將可以輕鬆且安全的通過海溝。

如果你的孩子稍大一點，你覺得適合和他一起看連恩尼遜主演的《即刻救援》（*Taken*），你可以注意亞曼達、琴兩人在機場，和彼得同搭一部計程車的場景。注意看亞曼達同意和彼得一同搭計程車時，琴臉上露出的表情。當下琴的直覺告訴她這不是個好主意。等他們到達寓所之後，亞曼達告訴彼得她們要單獨留在那裡——這又是個糟糕的主意——之後又同意和他一起去一場派對，琴這時候才明白說出心裡的直覺。她跟亞曼達說：「我們根本還不認識他！」亞曼達的回答卻是：「為什麼不去認識？他帥爆了。」馬上推翻了琴的直覺。這部電影用非常戲劇化的方式呈現孩子可能面對的危險情況，我想這例子不致讓你擔心得晚上睡不著覺。不過透過電影情節，我要讓各位知道，聆聽直覺會是什麼情況，這也有助於孩子容易理解。

二、設想逃脫路線

緊急狀況出現時，可能很快的陷入混亂，人們往往因此不知所措而陷入呆滯。這時最重要的是盡可能快速掌握狀況，以便快速採取行動，不至於在周遭事態快速惡化時自己卻呆若木雞。

—— **萊恩說** ——

我在「農場」呆若木雞的經驗

在一次「農場」突襲訓練所發生的緊急狀況，我學會了在緊急狀態時不要發呆的重要性。在設計縝密的突襲行動裡，被攻擊的對象如果無法「擺脫危險因子」，很難有存活的機會。我在一次演習中徹底體會這一點。當時我們的車隊奉命要在某個指定地點和某些人碰面，當我和我的同事們在一處開闊的山溝下車時，我們發現我們已經被布署在上方林線的教官所壓制，他們占據制高點和優勢火力。我們雖然配備小型漆彈槍，但是在他們火力更強的漆彈步槍壓制下我們毫無機會。

當我緊貼在車子側邊，漆彈彷彿四面八方朝我們射擊。我感受到它們打在汽車上的撞擊力，也感受到打在同伴身上的漆彈迸散的碎片。漆彈四散，我呆若木雞，有好幾秒鐘的時間不知該做什麼。我沒有設法脫離危險因子，反倒是單手拿起我的漆彈槍，在看不見目標的情況下胡亂朝空中發射。然而，我們在這個危險位置待得越久，就有越多的同伴陸續「陣亡」。

大約有五個學員從突襲一開始就迅速脫離危險地點，因此存活了。然而，在這個高張力的狀況下，我們其餘的十五位成員忘記了訓練時的教導，只仰賴本能肌肉反應粗糙和笨拙的行動，我們把所有訓練所學拋在腦後，每個人只會拚命的開火還擊。從處於劣勢的據點發動反擊，導致了我們的陣亡。

事先在腦中構想，一旦遇到「危險因子」時要如何擺脫，並在心裡準備好隨時行動，這可能就是決定生死成敗的關鍵。舉例來說，有哪些地方是你每天必經之地？你是否有每天早上一定會去的咖啡店？如果那個地點出現狀況，你會如何擺脫危險因子？當你去看電影、到餐廳吃飯、參加運動賽事，你知道緊急出口在哪裡嗎？你有沒有必要時可以盡快離場的計畫？

如果能把這些應變措施融入日常作息，你也可以教孩子同樣的技巧。你可以和孩子設定可能的情境，討論處置的方式。我們經常和我們的孩子這樣做，因為它和運動、舞蹈、電影以及其他課外活動都有關連。這個策略對麗娜在運動時特別有幫助，她會舉一反三用來調整比賽時的策略，反映出萊恩的教導帶給她的改變。

「我要你想像自己一個人在場上盤球。」萊恩會跟麗娜這麼說。這已經成了她每次足球賽前的儀式。

「好的，收到。」

「不，不是這樣。閉上眼睛。你能看到嗎？」這有時會讓麗娜忍不住翻白眼，不過萊恩仍會堅持：「我要你的腦中想像自己在場上盤球……。想像你自己盤球過人，利用他們的動能從他們的反方向切入。還有，別把球踢給守門員——一路盤球把它踢向球門角落。」

我們告訴孩子們事先做好心理準備，在真正下場前在腦海中想像踢入致勝球、運球上籃投入致勝球，或是完成整支舞最難舞步的畫面。他們必須事先想像成功的景象，好在正式比賽時做出正確的判斷。簡單來說，你在腦海預想和練習時做出的動作，就是你真正上場比賽時會做的動作。

在安全問題上，你也可以教導孩子進入室內先尋找出口，以做好擺脫危險因子的準備。比如說，你到了一家電影院或是一家餐廳，孩子們在座位上安頓好之後，你可以叫他們閉上眼睛，告訴你總共有幾個出口、以及出口所在的位置。我父親在我小時候也會和我這樣做，直到今天，我跟孩子們也是這麼做。這聽起來好像有些極端，但其實不然。

三、聆聽警報和危險訊號

除了在腦海中預演，我也建議你跟孩子強調，當警報發生時，要注意聆聽並快速離開建築物或所在地點的重要性，不應把警報當成只是演習。格林威治、厄斯特及利物浦三所大學的研究人員針對九一一事件倖存者所進行的研究發現，有90%的倖存者，只因為了儲存工作或關閉電腦，延誤自己從世貿大樓疏散的時間，有的甚至延誤近半個小時。

這項研究計畫的主持人、格林威治大學教授艾德・格雷（Ed Galea）說：「我們必須訓練人們一聽到警報就馬上離開。關閉電腦或是儲存文件並不是那麼重要。」

我完全同意。不過，有時候人們在出現警報時會猶豫不決，把它當成是演習。他們會環顧四周看其他人的反應，還會花時間去詢問發生了什麼事，還可能要換雙鞋子，先上個廁所——但就算這只是假警報，你會有什麼損失？如果你是唯一往外衝的人，是否會讓你覺得很尷尬？也許吧。不過再怎麼樣，也比不上你猶豫不決，等別人疏散後才做決定可能導致的不幸後果。

我建議你教導孩子遇到任何警報（不管是不是演習），都要抱著迫切感做出有目的性的回應，同時盡可能保持冷靜。多跟孩子做這方面的討論，萬一遇到這種場面就越能做好準備——這可是攸關性命的「萬一」。萊恩和我喜歡用CIA訓練的方式來和孩子們討論如何處理緊急狀態。我們建議大家，要讓孩子為想像中最壞的情況做準備，同時讓他明白，在真實世界裡，絕大部分情況都不至於這般糟糕。

四、一逃、二躲、三反抗

如果一名CIA探員迫不得已要掏出武器，他應該前面就已經先犯了錯。事實上，陷入危險狀況時，起身反抗是下下之策。頭號選項應該是盡一切可能設法擺脫危險因子，其次是藏匿，反抗則是最後的手段。

這個觀念常被說成是「逃、躲、反抗」（Run, Hide, Fight）的要訣，萊恩在擔任民間企業維安工作的職務時，也把它當成職場防範槍擊訓練課程的一部分。他相信，這個基本觀念也可應用在校園安全的訓練課程，同時也是孩子應該要去理解的概念。舉例來說，在槍擊案或是暴力攻擊發生時，你的孩子第一件該做的事情是快跑（也就是脫離危險因子）。重點是不要把脫離危險因子跟「非戰即逃」（fight-or-flight）的觀念混淆了。這裡說的並不是因為懦弱而逃離危險，是要讓孩子脫離有潛在危險的熱區。如果你的孩子無法逃跑，那他就必須躲起來。如果既不能逃，也不能躲，最後的手段才是對攻擊者做出抵抗。這三種作法的優先順序未必和小孩子、甚至大人們的直覺相符。在某些緊急狀況中，人們可能誤以為躲起來就安全了，或者單純因太害怕而無法動彈。但是我們會對孩子們強調，在可能的情況下，逃跑才是第一選項，因為逃跑是唯一可以帶你脫離危險地點的方法。如果你需要躲藏或是反抗——代表你仍留在危險地點，這是最不應該待的地方。話雖如此，如果你只能躲藏或反抗，那麼你只好把躲藏當成唯一的生路，或是毫不留情做出反擊（我在第七章會解釋，對有安全意識的父母親而言，「毫不留情反擊」是什麼意思）。

五、必要情況下，別管權威人士說什麼

有點讓人意外的是，有時候要違反你收到的指令才能擺脫危險因子——這是我們要傳授給孩子的下一課。有些情況，忽視權威人士的命令不只合宜而且還是關鍵必要的。你或許聽過南韓的日本製渡輪「世越號」沈沒的不幸災難。在二〇一四年四月十六日這天早上，這艘渡輪沈沒，導致船上四七六名乘客和船員中有三〇四人喪生，其中許多罹難者是中學生。根據新聞報導，渡輪沈沒的當時，船上對講機傳出指示，要乘客不要離開以免危險。由於船上有許多中學生，他們很可能非常驚

慌，一些人跳船或是跑到渡輪最上方甲板反倒逃過一劫，遵照指示留在原處不動的人反而不幸罹難。

沒錯，問題在於要離開危險因子，不過更重要的還不只如此。萊恩和我在CIA反覆接受的訓練，同時也是這本書一再討論的主題是**批判性思考的重要性**。提出質問是件好事，即便對象是權威人士。我們建議大家教導子女時，要讓他們知道遵照要求雖然有其必要，但是如果感覺不對勁，大可提出反駁——當然，別忘了禮貌。

重要的是，要讓孩子知道大人不一定總是對的。隨著你的孩子逐漸長大，他必須學習自己進行批判性的思考，學習去質疑權威。如果他已具備一些批判思考的能力，對於在必要時刻對權威提出質疑也有基本的認識，在緊急狀況下也比較能夠自主思考。當然我們知道，不同文化裡對於長幼尊卑有著不同的社會規範，這也可能是世越號悲劇死傷慘重的因素之一。我們對這個議題——以及其他議題——可能偏向西方式的思考，我們也理解在一個強調尊重和聽從長者的文化裡，要對權威人士提出質疑往往更加不容易。

除了與孩子討論脫離危險因子的意義，並鼓勵做批判性思考，我們也和自己的孩子們強調，在緊急狀況下，我們不反對他們聽從直覺去運用這些原則。舉例來說，如果學校發生緊急意外，他們被規定要留在原地，否則將面臨留校察看這類的懲處。如果他們的直覺卻告訴他們要盡速離開，在這樣的情況下，孩子知道我們做父母的會支持他們的作法。這並不表示他們不必承擔行動的後果，但是我們不會因為擺脫危險因子而懲罰他們，因為這是我們教導他們做的。必要時，我們也會為他們向校方做出辯解，對孩子的作法表達支持。孩子們知道我們會給予支持，會讓他們更有信心靠自己做出批判性思考，在緊急狀態下做出自己的決定，就算因此違背了權威人士的要求。

以上我提供各位相當多的資訊，其中有些或許你會感到躊躇，甚至有點焦慮。這並沒有問題——有這種感覺是正常的。不過我希望大家了解，你沒有必要整天陷入焦慮或恐慌。這並不是本章的重點。相反的，我希望各位協助培養孩子批判思考的能力，如此一來，萬一他身陷險境，會有比較大的生存機會。更大的好處是，這些技巧有助於做出積極、合乎常理的決定，讓他能夠辨識危險，進而全然避免危險。我們永遠無法知道，那天晚上跟蹤我們女兒的人是否真的有惡意，或者這只是她們過度謹慎的反應。但不論如何，只要她們聽從直覺去避開危險因子，萊恩和我都認為這是很好的練習，可以強化她們面對人生所需的技能。同樣的，當各位的孩子走出家門口的世界，我希望你也能跟他說：「嘿，必要時，別忘了擺脫危險因子。」同時，他也能明確知道這句話的意思。

6

不露聲色的觀察

如何認清周遭環境

我們的兒子阿里剛滿兩歲時，我和萊恩一起去汽車經銷商做汽車例行保養。萊恩在櫃檯付帳，阿里突然指著窗外大哭，萊恩這時看到一名男子進入一輛黑色凱迪拉克的凱雷德休旅車（Escalade），他馬上明白，阿里把這輛休旅車誤認成我們家的黑色雪佛蘭薩博班（Chevy Suburban）。

「你是不是以為有人把我們的車開走了？」他問阿里。

「對！」他邊哭邊大叫出來。

「那不是我們的車，阿里。我們的車在那邊。」萊恩指著對面服務人員停放我們車子的位置。

「噢……」阿里先露出困惑表情，接著鬆了口氣。

這一幕告訴我們，教孩子如何辨識周遭環境永遠不嫌太早。他們能認識的包括車子的品牌和款式，這是萊恩和我在ＣＩＡ深度學習的功課，而且阿里也證明了他已經超前進度。孩子們只要認得車子和理解方向感這類的基本概念，你會發現他們更有能力弄清楚身邊發生的事。隨著孩子們逐漸長大，你可以灌輸他們一些我和萊恩在ＣＩＡ訓練所學、應用在日常情報工作中的跟監偵查和安全意識要領。

✔ 偵測跟監的訣竅

「我又做錯了。」我邊哭邊勉強擠出這句話。

「不會吧，寶貝，真是遺憾。」萊恩試著在電話裡安慰我。雖然我們正式成為男女朋友還不到幾個星期，但我知道他是我唯一能打電話的對象，他是真正能理解我經歷什麼事的人。不只是因為他已經完成我正在接受的基礎偵測跟監課程，他甚至還完成了更困難、同時也更複雜的高階偵測跟監訓練。他清楚我所面臨的挑戰……他也完全理解我如何把它搞砸了。

要是萊恩能在場安慰我就好，但是他沒辦法。因此我只能在北維吉尼亞黑暗的路邊，坐在政府公家車裡淚流滿面，而他人遠在西雅圖的家中。

「我選擇的路線不好……我自己猶豫了……我知道有個小隊在跟蹤我，但我就是看不到他們。我只剩下明天最後一次演習，如果沒過關我這次就不合格了。」我一邊說一邊努力忍住不哭。

「明天你不會過不了關，你其他次的練習也都沒有失敗。今晚只是不小心犯錯，明天你就會進入狀況了。」他跟我保證。

萊恩說對了。我順利通過隔天下午的跟監訓練演習，不過在這之前，上午我們先回到我前一天犯錯——也就是判斷是否被跟蹤的測驗——的教室；也就是說，我成了課堂上的案例示範。上課前我有所不知的是，行動司需要有幾個學生在練習中犯錯，如此一來才能拿學生的錯誤當作上課的示範教材。這一回，我是犯錯的學生之一。這種訓練方式可以確保學生們下次不再犯相同的錯誤。這個方法也可適當應用在教養子女上面，本書稍後我就會詳述。

跟監偵測路線是由CIA事先規劃好循環路線，讓個別學員在裡頭判斷自己是否遭到跟蹤。這對「農場」裡受訓的CIA行動官而言是較為吃重的課程：教官會花幾個月的時間教導跟監的技術，剩下來幾個月則會花更多時間讓行動官練習這項技術。像我這類的分析員則很少接受這項訓練，但我輪調到行動司的任務則需要密集、且有時非常嚴苛的偵測跟監課程。我在那裡學會如何設計路線才能自然的觀察後方，學習從黑暗中的車燈辨識出車子的品牌和款式，最後還要確保我能祕密會見我的線民，以保障線民和自己的安全。

在訓練過程中，我學會情報作業中偵測跟監的關鍵在於表現自然，絕不洩漏自己知道已經被人跟蹤。這和電影裡的飛車追逐以及間諜試圖擺脫跟蹤的情節不同，在真實世界裡最不希望的，就是這種大張旗鼓的擺脫方式。相對於戲劇性的街頭追逐，偵測跟監技術的精髓在於設計一條路線，讓自己看起來像是日常生活中的正常人——例如做例行的差事、或是參觀觀光景點。如果你能成功做到這一點，跟蹤你的情報團隊可能會判定你是不值得他們花時間或資源跟蹤的對象，轉而尋找其他目標——讓你改天可以順利進行任務。

要知道自己是否被跟蹤，你必須確認跟監者多次現蹤的時間、距離及方位的變化。考量這些因素是必要的，因為你不能排除任何巧合的可能性。你可能在雜貨店看到一個人，之後在郵局又遇到他，但是這並不表示你被人跟蹤了，那個人可能剛好也需要去這兩個地方。如果你早上九點在雜貨店看到他，一個小時之後在城裡另一家餐廳又遇到他，然後你去乾洗店取衣服時又第三次見到他——這是跟蹤者被確認的現蹤。為了確認，你要學會如何牢記人們的身體特徵；如果是坐在車子裡，那你必須學會記住從後照鏡看到的汽車品牌和車型，同時能反著讀出車牌號碼，同時神情舉止不致令人起疑。

儘管我上跟監訓練課程時已經在ＣＩＡ工作多年，但這些都是未曾接觸的全新課程。事實上，在此之前，我的工作重點在於研究和分析非洲的政治——我唯一要牢記的是肯亞國內的各種族，而不是車牌號碼。我也曾多次喬裝身分在國外活動，但是這些工作並沒有涉及這類的田野情報工作。在取得偵測跟監的資格認證之後，我開始準備幾個月之後的東非之旅。這次情況我知道會和之前有所不同。這一回，我會看到一些過去我未曾注意的東西。

這趟出差任務才剛開始幾天，我就明確感覺被人跟蹤了，當時我正在坦尚尼亞市場裡塵土飛揚、空間狹小的攤位間閒逛，這裡的攤位都販賣精緻的草原動物木雕，是西方觀光客的完美紀念品。我望一眼市場外面坐在猴麵包樹底下的木雕師們，他們正抽著香菸、喝著瓶裝的橘子芬達，準備下一波的雕刻工作。市場裡的攤位外觀上千篇一律，也因此每個攤商更加努力使出渾身解數爭取我這筆生意。

「哈囉，姊妹！歡迎光臨。進來看看！」每個人都用濃濃東非腔英文向我拉生意。

之前幾次到這裡出差，我曾經用他們的母語史瓦希利語回答，表示我不是觀光客，別想跟我敲竹槓亂喊價。他們很驚訝這些話如此流暢的從我口中說出來，這也讓我可以用較低的價錢買到東西。我的史瓦希利語是在印第安納讀大學時學的，我在坦尚尼亞北部當交換學生後更加精進。我從學習的第一天，就愛上了這個語言——愛上它悅耳的抑揚頓挫、句法結構以及它的文化。日復一日，我浸淫在史瓦希利語和非洲政治的學習中。在取得學位後，我迫不及待想找到一個能讓我重返非洲的工作，短短幾年之後我已成了ＣＩＡ極少數會說史瓦希利語的間諜，重遊當年還是天真大三學生時造訪過的地區。

在這次的行程裡，基於任務的敏感特質，我決定不去張揚我的語言能力。很快的，我就發現這實在是明智的決定。

我在攤子上挑選手提袋時，我注意到有個手塗刺青彩繪（Hanna）的坦尚尼亞本地女子走進店裡。

「她現在在看手提包。」她用史瓦希利語對著舊式的諾基亞手機如此說。她緊盯著我在店內遊走，小心保持幾步的距離，在此同時，她渾然不知我聽得懂她說的每一句話。

我被跟蹤了。

為了應付這種時候，密集的ＣＩＡ任務訓練幫我做好了準備，不過，我從沒想過這麼容易就偷聽到有人逐步報告我的一舉一動。我過馬路的時候，還注意到一名高瘦的男子，穿著原本應該是白色但上面沾滿灰塵的愛迪達網球鞋，那是我在同一天稍早在市區另一個市場看過的同一雙鞋子。根據我受過的訓練，我知道跟監者在追蹤某個目標時可能會變換服裝，但是很少會換鞋子——這讓我比較容易察覺出來。在坦尚尼亞的市場那個上午，我忍不住心裡偷笑。的確我有任務在身，但並不是坦尚尼亞情報單位想要探究的祕密行動。那一天我想做的只是找些紀念品好帶回家送萊恩和孩子們，於是我繼續我的行動，心裡清楚他們在我身上浪費時間，同時間我的一名同事就在他們眼皮下，神不知鬼不覺的進行他的間諜任務。

——萊恩說——

在行動中抓住他們

當你對偵測跟監變得非常拿手，會發現即使你不是被跟監的對象，你也會看出跟監小組在哪裡。舉例來說，當我在法國參加一場家族婚禮，我們整個家族聚集在巴黎附近一個小鎮廣場。在我們等待所有人到達的同時，我開始觀察四周環境，我發現有個男子朝廣場另一邊的的商店走去。令我大感意外的是，我注意到有多位跟監成員，正各就定位跟蹤他們的目標。

我不敢置信。我的間諜生涯到這時候為止，在進行任務時從不曾被國外的跟監人員追蹤過，這是對我成功執行祕密行動的最好證詞。不過此刻，我在這裡度假，見識到一個外國跟監小組的行動。我觀察到這名男子進入商店，同時跟監小組的成員變換位置、擬定策略。當男子離開時，我觀察到跟監小組變換位置，繼續追蹤他們的目標到下一個定點。讓我最感到驚訝的是，當我看著這一切在我眼中發生，當場卻沒有其他人察覺到自己身邊發生了什麼事！當然，我受過跟監和反跟監的訓練，不過事實是，只要你訓練自己注意周遭環境，你永遠也意想不到自己會看到什麼情況。

觀察自身的環境

這看起來獨一無二的偵測跟監訓練要如何轉化到子女的教育上？以偵測跟監技術來強化他的觀察力，有助於增強整體的安全意識，並因此保障平安。這個技巧可以在汽車、火車、公車上，甚至在步行的時候練習，孩子即使還沒學會開車就可以開始學習。事實上我們發現，這些技巧即使是對我們家最小的孩子也有幫助。在前面提到阿里在汽車經銷商發生的事情之後幾個月，他已經可以在任何時間裡辨識出近十種不同汽車的品牌和款式。

你絕對想不到這樣的技能在什麼時候會派上用場。就算是長大後才會用到，你也可以讓你的孩子早一點起步。如果你的小孩對於記憶車子廠牌和車款沒興趣，你也無需擔心，沒有必要用學習卡片強迫他辨識和記憶。這可以是、也應該是開車時指著路上其他車子自然而然發生的事。以阿里來說，我們先教他家裡車子的名稱。在馬路上尋找「爸比的車」就變成坐車時好玩的遊戲，以這個遊戲為起點，我開始教他辨認其他車子的品牌和車款。你也可以用「打金龜」（slug bug）這類的遊戲來開始教導認車的技巧，每次你看到福斯的金龜車就喊聲，（通常同時還會在胳膊上捶一拳，這部分請自行斟酌！）或者是在晚上玩「帕—迪—多」（pediddle）的遊戲，看誰先發現一邊頭燈不亮的汽車。為了讓遊戲更好玩，你可以用僅剩的一邊車燈來猜測車子的廠牌。這套技能最適用於青少年和青春期前的兒童——我拿阿里做為例子，是為了解釋我如何對小寶們使用這類教養技巧。

不難想像，這些技巧在孩子大到可以學開車之前會更適用。我們的孩子在坐上駕駛座之前，老早就討論過這些話題。大女兒漢娜開始開車後，雖然都是我們提過的話題，不過，因為她有了第一手的親身體驗，這些訓練對她而言又有了新的意義。

為了讓每個人、特別是年輕未滿二十歲的駕駛，能清楚掌握開車時周遭的路況，必須讓他在駕駛座上有充分的舒適感和自信心。這背後的邏輯是：**開車時越自在，就越能憑感官注意周遭並察覺出不正常的情況。**當漢娜和杭特到了可以考駕照的年齡後，萊恩用同樣一套方式來教導他們開車。他帶他們第一次開車時，就指揮他們來到州際公路的匝道。這在我看來有點太過分了——我還記得自己在等了好幾個星期之後，我的駕訓班教練才准許我第一次把車開上州際公路。

不過萊恩堅持，這可以打造開車的自信心，也是訓練他們手、眼和腳協調性的重要一步。當孩子們開上交流道，他告訴他們緊踩油門直到時速七十五英里（約一二〇公里）。接著，他要求他們一邊轉頭看後方，一邊切進高速公路，並把車維持在車道中間。這樣加速同時看後方並維持汽車方向的能力，是讓他們建立自信心與安全意識的重要一步。

萊恩教導孩子們開車的方式或許不像一般駕訓班教練這般保守，不過他有他這麼做的理由。他上過最重要的駕駛課就是在「農場」的時候，他必須用**倒車**的方式加速並通過障礙，日後他也用這個方式來訓練大寶們。許多學員在這個練習會碰到一些困難，但是萊恩卻能輕鬆駕馭，因為他早在十六歲時就為了吸引女孩子注意，全程用倒車方式開在五英里長的單向環形車道上。我不大確定，誰最常把「我是世界倒車之王」這句話掛在嘴邊——究竟是萊恩，還是迪士尼電影《汽車總動員》（*Cars*）裡的「拖線」（Mater）？不過我可以確定，他是「農場」駕駛課中最快的車手，甚至可以跟裡頭最厲害的教官一較長短。

漢娜和杭特完成第一次開上州際公路的體驗之後，萊恩帶他們到一個空曠的停車場，在那裡做近兩個小時的倒車練習。這個訓練背後的邏輯是，如果你能夠倒著開車，前進自然開得更好。這是CIA的每個訓練都比真實情況更加困難的又一個例子。他們第一次練習時我不在車上——我留在家裡照顧小寶們，不過我仍清楚記得我第一次坐漢娜和杭特的車時，親眼見識他們充滿自信開入交通繁忙的州際公路以及輕鬆倒車，彷彿他們是駕駛多年的老手。我知道萊恩一定做對了什麼——而且毫不意外，這些方法都可以追溯到他在CIA的任務或訓練。

我們甚至已經開始對阿里灌輸一部分的駕駛技巧。他才三歲就已經有自信開著他的「風火輪」（Hot Wheels）沙灘車，因為我們教會他如何換檔、倒車、以及判斷縱深的能力，時速可以達五英里。我們不只是把他放在車裡，然後說：「好好開啊！」我們會花時間教導他不同的技能，讓他開車更加小心，特別是要考慮到他才十五個月大的妹妹還坐在駕駛座旁邊（我知道你在想什麼——萊恩怎麼有辦法說服我，讓我們三歲的小孩載著十五個月大的小孩？老實說，只要她戴好安全帽，我並不太擔心。我想這也說明我的改變有多大！）

除了建立開車的自信之外，同樣重要的是讓孩子有基本的方向感和導航能力。現在多半的青少年，甚至一些成人開車外出時都要依賴GPS，但是他們盲目跟隨手機的Google Maps語音導航或是汽車上的導航系統時，往往因此忽視周遭發生的狀況。

美國電視影集《我們的辦公室》（*The Office*）中我最喜歡的一集裡，麥可．史考特（Michael Scott）和杜懷特．舒魯特（Dwight Schrute）在GPS協助下開車，麥可過度信任GPS，甚至做了完全不合理的右轉，最後直直開入了湖裡。儘管他看到了湖，卻完全放棄看到湖時該運用的常識——這當然只是搞笑的極端例子，但是我看過大女兒也曾發生程度沒這麼嚴重、但有幾分類似的情況。

「我記不得奶奶家的地址。」漢娜準備好要和麗娜一起出門時跟我說：「你能不能發個訊息給我？」她問。

「你為什麼需要地址？你已經去過她家好幾百次了。」我說。

「我想準備著，以防萬一。」她回答我。

「你每次自己開車去奶奶家，就會先把地址輸入Google Map，對不對？」我問。

「大概吧。」她怯生生的回答。

「所以你才會不知道該怎麼去。把它們記好……」我一邊說，一邊把到我公婆家大約六十分鐘車程上下州際公路的匝道號碼列出來。

「你不能直接給我地址嗎？」她懇求。

「你只要按照指示標誌，就不會有問題。」

我跟她解釋，要到某個地方，自己開車的時候一定要事先研究地圖或熟悉一些地標，不然你永遠沒辦法學會。我不想讓她覺得太挫折，我們雖然沒有血緣關係，但我常常從她身上看到我自己的影子。

我不禁想起，自己也曾經打電話給父母，要求他們給我一模一樣的協助……

「我找不到地方！」開車到ＣＩＡ總部上班的第一天，我就緊張的打電話跟我母親和繼父求救。當時接近上午七點，隨著時間一分一秒過去，我越來越緊張。我爸媽已經從 MapQuest 幫我印出到總部的路線指示——沒錯，這還是 Garmin 和 Google Map 尚未問世的年代。但在十二月清晨破曉前的黑暗中，我發現自己按照路線的指示，卻開進了維吉尼亞州蘭利的森林某處。

我事先不知道的是，他們並沒有把CIA總部的大樓標出來，而只是隨意的選了地圖上靠近大樓的一個點。很顯然，他們預期我會自己看路標抵達目的地，所以他們沒告訴我這件事。我之前的面試和安全查核都是在CIA附屬的大樓進行，這是我第一次自己開車到總部。由於在此之前我對CIA的知識都來自電影，我誤以為它應該藏在某個隱匿路徑後面。

並不是。

它就在維州蘭利一二三公路上，外頭有個明顯且巨大的標示：

喬治．H．布希中央情報局大樓

在我擔任CIA分析員這份工作的第一天，這絕不是建立自信的好開場。就像我說過的，有其母必有其女。

一直要等到我進CIA如家常便飯之後，我才開始有辦法順利使用地圖。我們多半不能過度依賴網路或衛星，所以我必然要先研究好地圖，才能在新拜訪的城市和國家裡找路，這甚至成了我私人旅行時使用的技能。我還記得在CIA任職多年之後，我曾和母親同遊巴黎，每天早上離開飯店前，我都要研究地圖記好附近地區。我知道在公開場合攤開地圖會降低我的防備，而且等於向外宣告自己是觀光客，讓自己成為歹徒或小偷覬覦的對象。

研讀地圖和注意周遭環境，是孩子還沒自己開車前就可以學習的技能，這會讓他日後自己開車時更有優勢。他可以在坐車的同時觀察環境，記住重要地標，好幫助他學習路線。我對阿里採用的一個作法是**指出車外的東西**，並在轉彎時告訴他我們轉的方向。當然，他就像一般小孩子一樣，喜歡看車子裡播出的電影，不過我給他訂了規則，外出時只有返程才可以看。如此一來，至少保證有一半的路程我會陪他練習觀察和導航的技能，同時也可以減少他盯著螢幕的時間，讓我覺得不致對他太過縱容而有罪惡感。當然，不是每一次情況都如此完美，有些時候我會讓步，讓他全程都在看螢幕——因為有時候，當你同時要照顧好幾個孩子，光是能順利安度這一天就覺得感謝老天。

當阿里能指著車外說：「那是去電影院的路。」或「我們要到公園嗎？」我心中的成就感實在筆墨難以形容，這讓我確信，花時間跟他解釋方向（比如「我們現在要右轉往公園去了」，或是指出地標（「好，阿里，準備要看到左邊農場的牛了」），可以幫助他建立良好的方向感，這種能力會隨著他逐漸長大而持續成長。事實上，在年紀很小的時候就學習這種技能，會幫助孩子掌握他身處的世界，建立更好的安全意識。

✔ 教導孩子實用安全的重要原則

除了學習跟監偵測技巧，幫助孩子開車更有自信和自在之外，下面還有一些實用的安全原則，讓你可以灌輸給任何年齡的孩子：

一、不要太容易被預測

向孩子強調變換活動的固定作息和路線的重要性。如果可以，不要讓他每天在同個時間出門，此外，上學或去工作也不應該老是走同樣的路線（當然，如果是搭公車的話，可能就沒辦法有太多選擇）。如果有人盯看他，你不會希望這個人知道孩子在何時會出現在何處。

二、鎖上車門

訓練孩子一進車，就應該立刻鎖上車門。萊恩在「農場」的訓練課程裡學到了慘痛的教訓。當他在停車標誌前停下來，短短三秒之內一位教官就從副駕駛座那一側開門進去，把車停在P檔，然後把車鑰匙抽走——告訴你的孩子，這一切可能在一瞬間發生。一進車就先鎖門，應該就要像繫安全帶一樣，必須當成開車時的自動反應。同樣重要的是，要讓孩子知道這種事在任何地方都可能發生，而不只是一般認定的危險場所。

舉例來說，最近我從晚間新聞聽到一起在西雅圖塔科馬機場附近的I-5公路上的劫車未遂事件。一名女子載著身為警員的父親到機場時，聽到了後方汽車連環追撞，接著他們看到一名手上持槍的男子朝他們跑過來，他一隻手抓住車門，另一隻手則拿槍緊貼著車窗。幸好，車門上了鎖，這名女子開車轉到路肩後快速駛離現場——這是一個很好的示範。年輕女子做對了兩件事：她不只開車時鎖上了車門，同時她也成功設法脫離危險因子。她開車所具備的自信，讓她得以看見後方跑來的男子，她沒有呆住，而是設法脫離火線，這正是你期待自己的孩子在這種情況下做出的反應。

三、練習記憶人們的外貌特徵、車子的廠牌、款式及車牌號碼

教導孩子記住別人的外貌特徵，包括CIA跟監訓練中所謂GRAB：也就是性別、種族、年齡和體型。你可以和孩子進行人身觀察，來幫助孩子學習這個技巧。帶他到公園或是賣場，坐在長椅上觀看路過的人們。透過指出不同身材體型的人們，讓他學習GRAB的要領。你的目標是讓孩子能大致估算一個人的身高體重。如果他在街上遭遇搶劫或是被人攻擊，能不能告訴你這個嫌犯體重是一八五磅或二五〇磅？身高是五呎七吋還是六呎三吋？如果嫌犯駕車逃逸，是否知道車子的廠牌和款式？還有，他能否只靠黑夜中的車燈就辨認出車子？如果他認為有車子在跟蹤，打電話報警的同時能否從後照鏡辨認出車牌號碼？這是可以馬上派上用場的偵測跟監技巧。

四、注意自身在餐廳或其他場所的位置

在選擇餐桌位置時，最好的位子永遠是背靠牆壁，這樣才能擁有餐館裡最好的視角。這讓你可以觀察人們，並在任何情況下盡快脫離危險因子。我們常把它變成孩子們的遊戲，有時甚至讓它變成餐桌上大家爭取的寶座。

五、把手機收起來

你絕不會看到一個間諜邊走路邊低頭滑手機，同樣的，也要教導孩子在走路或是開車時把手機收起來，並注意周遭的環境。當漢娜第一次獨自在夜裡開車，有天晚上她邊往車子的方向走，一邊打電話給萊恩，因為她覺得跟萊恩保持通話會比較安全。我告訴萊恩叫她把手機關掉，等她安全坐到車子上之後再回電。接著，在她回家之後，我們開了家庭會議，告訴她在公眾場合邊走路邊使用手機，不管是和別人說話或是查看地圖，都可能讓自己分心而成為歹徒或小偷容易下手的目標。

六、注意可以自然轉頭的機會和強化邊際視力

教導你的孩子不回頭就知道有沒有被人跟蹤，這個實用技巧可以讓孩子察看

周遭環境並確保安全。要學習這個技巧，你可以實際讓孩子徒步到不同地點，並指出可以讓他自然轉頭看的地標和區域。有適當轉角可自然回頭的樓梯，或是走路時商店玻璃窗反射的身影——這些都是可利用的道具。甚至過馬路的時候，也可以假裝左右轉頭注意來車而自然的向後看。

雖然我們希望孩子可以學會察覺被人跟蹤的技巧，甚至不必做出查看的動作，不過，我們要知道，情報工作的偵測跟監和實際生活的偵測跟監有所不同。在我們的任務裡，你不希望跟蹤你的人知道你已經看到他們，不過在孩子的現實生活裡，有時要是感覺被跟蹤，可能百分之百需要回頭直視對方的眼睛，這反而有助於擺脫對方，並讓孩子有機會看清對方的體型特徵。最後一點，如果是在有其他人在場的公眾場合裡，他可以、甚至應該大聲向對方喊：「**不要再跟蹤我了！**」任何時候如果感覺受威脅，都要設法脫離危險因子。

七、你可以不下車

我們不時對家裡的年輕駕駛叮嚀：即使發生事故，有時也不是非下車不可。這是運用批判性思考和常識的時候，他們必須針對不同的情況來做評估。舉例來說，每個駕駛被追撞時最自然的反應就是下車查看損害，然後和對方駕駛交換保險等相關資訊——我們都是這樣被教導的，不是嗎？但是，萬一孩子深夜獨自開車在荒涼的路上呢？在這種情況下，下車未必是最好的選擇。或許基於安全理由，你不該下車查看損害的情況，而是應該留在車裡等候警方到來。

八、建立一套你和孩子們分開時可用的口哨聲或口令

萊恩在「農場」受訓時，一個班上學員會吹各種如鳥叫的口哨聲。當教官提問而沒有人回答時，這個同學會發出口哨聲，之後必然引來哄堂大笑。萊恩經過六個星期反覆練習之後，他終於也能模仿出類似的聲音，不過音域還是比較低沈扁平。當時他只是覺得也許可以和同學一樣，製造出笑聲緩和氣氛。不過有次他帶著大寶們走在歐洲的木板路上，當時他們分別只有五歲、三歲和一歲，他發現口哨是追蹤孩子並下達指示的好工具。孩子們騎著木製的滑步車走在他前面，他們很快就學會：一聲口哨代表停下來，兩聲口哨則是要往回走。這種專屬家人之間的獨特聲音可以幫助孩子們注意聆聽周遭的情況。舉例來說，幾年前大寶們上小學時，萊恩接他們放學回家，會在教室外頭吹口哨。教室裡其他人幾乎不會注意到這個聲音，但

是我們的孩子一定會聽到，並且知道老爸在外頭等他們了。如果你跟我一樣，沒辦法吹出特殊的口哨聲，你還是可以學小鴨子叫或是實際買個哨子來試看看。找出你們家適用的方法。以我們家而言，萊恩和大寶們出門時吹口哨仍是管用的辦法，直到現在我們和大寶小寶一起外出時仍會用這一招。它甚至對我們家的狗也有效。

孩子開始學這些安全意識的技能之後，他才會真正開始知道要注意、觀察什麼，並重新用不同的方式看世界。事實上，他會開始看到日常生活裡容易被忽略的事物：那部車一直停在那裡的嗎？我看到的那個人跟早上在市區另一家星巴克看到的是同一個人嗎？訓練自己觀察越久，這一套技能就能運用得越熟練、自然。同樣道理，孩子越早開始學習這些工具，未來人生就能建立良好的安全意識。

7 自我防衛
危險找上門時該怎麼辦

前面討論了如何教導孩子擺脫危險因子和加強安全意識，我們現在要討論另一種可能性是：萬一孩子遇到除了奮力一搏之外別無他法的情況。

如果你的孩子陷入必須為求生而戰的情境，很重要的一點是事先和他討論身體的脆弱性。孩子必須了解，電影和電玩裡看到的並不合乎現實，而且還恰恰相反。

真實人生並不像電影裡有人被痛毆了十下、二十下、甚至三十下還能站起來——這種事不會發生。在家裡觀看影集如果出現這類情節，萊恩會不時提醒大寶們注意這一點。他會把電影按暫停，讓全家一起討論，接著他會提醒孩子們這不是真實的情況。事實上，新聞裡有些例子，人們因更輕微的傷害而喪生，有時甚至一拳就會致命。一個人無法承受臉上連捱一拳又一拳，人也不可能同時跟兩個、三個、四個或五個人對打，或是中了槍之後還繼續拯救世界——這種情節完全不切實際。臉上被招呼一拳、頭上被踢一腳，或拿刀的人向你靠近，都可能讓你致命。

孩子們如果知道為何角力和武術要按重量分級，可能更容易理解。過去這些年，我已經見過萊恩跟大寶們解釋過許多次，接著必然是一番討論，帶頭的通常是我們的大兒子，談論我們所認識的一些人在打架時誰會打贏。

「誰會打贏？你還是巴比叔叔？」或者是「你覺得我可以單挑某某嗎？」這不只是閒談；有時可能在我們起居室就會來一場實際的角力（有趣的是，我在廚房寫下這段時一場對戰正在上演）。這類的角力和拳賽，從我認識萊恩和大寶們以來就在進行。我看過他在廚房悄悄逼近孩子，施展鎖頭或其他的壓制法。孩子們會設法掙脫或反擊，而他則趁機教導他們快速反應及反擊的技巧。當我第一次看到他這樣對付大寶們時，我還以為他們只是在鬧著玩，我沒有細想過這背後的想法和技巧。

如今我們透過角力遊戲給小寶們灌輸同樣的策略，通常是用雙腿把他們夾住，讓他們練習運用力量來掙脫。如果他們求饒說他們辦不到，我們會鼓勵他們一定有足夠的力量可以辦到。這有助於他們的動作技能（motor skill），學習擺脫各種壓制手法，一旦他們成功擺脫，也可建立他們的自信。隨著孩子長大、更理解這些觀念之後，我們會增加孩子們掙脫壓制的難度，好讓他們領悟重量分級的概念。我們讓他們明白，動作技能和技巧只能做到這個地步，所以除非絕對必要，衝突打架的場面能免則免。

這類對話和實際經驗有助於我們說明以下重點：即使是武打明星，當他和對手體重相差懸殊，他大概也不會有勝算；一個二〇〇磅的拳手跟一個一五〇磅的拳手根本不叫對打。你可以找全世界最好的綜合格鬥（MMA）選手，如果他要對付兩個體重各比他重三十磅或四十磅的對手，他大概毫無勝算，即使他有較好的訓練和技巧。舉例來說，二〇一六年，奧運柔道選手德克・范・提卻爾特（Dirk Van Tichelt）剛贏得他的柔道銅牌之後，在里約熱內盧的街頭遭兩名歹徒搶劫和攻擊。范・提卻爾特是天天訓練的職業武術運動員，但他還是成了搶案中的受害者。這說明了即使是最有經驗的拳擊手，在特定情境下還是會敗陣。

我還記得，萊恩與當時還小的大寶們談論這些真實人生的話題時，帶給我和萊恩剛萌芽的戀情一絲不安。

「你確定跟他們討論這些話題合適嗎？」我問：「這世上有這麼多的壞事，我們應該保護他們，不要讓他們太早接觸這些東西，讓他們好好享受生活。」我如此告訴萊恩。不過，經過這些年以後，我已經了解不僅知識是力量，準備也是力量。正如萊恩可以用平淡的口氣討論求生技巧和末日逃難的亂象一樣，他也有一套適當的方法可以和孩子們討論身體的脆弱性以及如何自我防衛，但不至於剝奪了孩子們童年的樂趣。二者可以並存不悖。

在理想狀態下，你的孩子不至於陷入必須為生命一戰的情境。我期待他能發展足夠的智慧和本能可以辨識且擺脫危險因子；不過，在遇到無可迴避的情況時，我也希望幫助大家為孩子做好準備。

✔ 拆解關於間諜和武器的誤解

大部分人聽到我是ＣＩＡ的前特務時，都認定我受過打鬥和武器的精良訓練，甚至以為我身上隨時都佩帶武器。確實，ＣＩＡ探員會在特定情況下攜帶武器，不過多半時候並非如此。他們是否要攜帶武器會根據各種不同的考量，例如他們要喬裝成外交人員或商人。如我之前所提，如果ＣＩＡ探員不得不拿出武器，那顯然是因為他先犯了某些錯誤。由於我是一名分析員，我在ＣＩＡ任職期間幾乎沒有接觸武器的經驗，即使在任期後半段我從事的是祕密情報任務。大部分時候，我會迴避和孩子們談論刀械使用或是對武器的豐富知識，因為坦白說，基本上我也很少接觸這些東西。

相較之下，萊恩在CIA接受過各式的武器訓練，使用過包括克拉克手槍、M-4卡賓槍、以及各式各樣的卡拉希尼科夫自動步槍——從卓格諾夫狙擊來福槍到常見的AK-47步槍。他對槍枝瞭若指掌，知道如何擊發、取彈夾、清槍膛。雖然CIA探員不大需要使用武器，局裡各方面的訓練都考量探員可能遇到的最惡劣狀況。同時，他們會實施反覆的訓練。

你聽到我前面舉出一大堆例子來說明CIA不像電影裡所描述的樣子，不過，有件事倒是說得分毫不差：電影裡你看到人們緊張時，鑰匙插不進鑰匙孔或是發動不了車子，這倒是非常寫實。在緊急時刻或緊張狀態下，人們控制肌肉的動作技能會突然不管用。正因如此，CIA非常重視反覆訓練使用各式武器時需要的大運動技能（gross motor skill）。也因為如此，克倫比刀（karambit knife，也常稱為「爪刀」）非常實用，因為它可以運用到上下移動防衛時的大運動技能動作。在萊恩接受的訓練中，也學到了對付敵人所需可抗衡的武器，或許是一把刀、胡椒噴劑，而在某些情況下，則需要更有威力的武器。

不過重點不是武器——畢竟，我們並不是要訓練孩子成為自由格鬥選手或CIA的殺手。重點在於訓練孩子利用手邊任何可以使用的東西來自衛，不管是個工具、或是臨時的武器，特別是當他處於除了奮力一搏別無選擇的狀況下。教導他最好的方法是逐步學習使用工具的方法，然後進一步讓他了解工具如何當成武器——我必須承認，這個方式我並不是全盤接受，有時甚至和萊恩看法會有分歧。

在家中建立自我防衛的共識

「別忘了你的頸刀（neck knife）！」萊恩在大寶們衝出門時對他們大喊。有時候他們會乖乖聽話抓了刀跑出門，有些時候，比如像今天，他們會翻起白眼——這提醒了我們，他們仍是典型的青少年，他們會說：「老——爸，真的有必要嗎？我不會有問題的。」他們今天要去登山健行，萊恩卻希望他們隨身帶把刀，可以當工具，也可以提供保護。

「沒錯，有必要。帶著你的頸刀，不然就別出門。」他態度堅定，於是孩子們的抱怨也到此為止。

大寶們的反應倒不是一直如此。當然，我剛認識他們時他們還很小，所以他們去健行、騎登山車或其他活動時還不會把短刀掛在脖子上。但是他們已經開始把短刀當成工具。

一個八歲的孩子在磨利他的折疊刀，這樣合適嗎？我第一次看到杭特這麼做時忍不住問自己。由於之前沒有養育子女的經驗，我實在沒把握，這也讓我很緊張。不過，小時候我的父親是保安經理，我還記得他在我姊姊口袋發現一個打火機之後，讓我姊和我觀看了一支打火機在口袋裡爆炸的影片。你可以想像，刀子——不管是什麼樣的刀子——絕對不是小時候家裡會介紹我認識的東西。萊恩正好相反，他是個鷹級童軍而且從小學開始口袋就隨身帶著一把瑞士刀，也難怪他看待刀械和其他工具如此冷靜自然。畢竟，就和他養育子女的一貫風格一樣，他經過仔細考慮，就他觀點看來是非常安全的作法。

他這種心態以及自在的程度，如果說我需要**一點時間**來習慣可能還太客氣了點。我還清楚記得我們剛開始約會時，我把「折疊刀」列入未來養育孩子時，必須和養育大寶們有所不同的項目之一；另一個項目則是摩托車。如果萊恩跟我結婚了，他就必須做些調整。我告訴自己，對大寶們說這些大概為時已晚，但是我們有孩子之前還很有時間可以改變。

時間快轉到八年後，萊恩從歐洲出差回來。

「我要給你一個驚喜！」他用興奮的口氣告訴阿里，阿里的立即反應當然是閉上眼睛伸出手來。

「是什麼驚喜？」他興奮低喊。

「這是你的第一把刀，」他說：「它叫做歐賓諾法式折刀（Opinel）……是法國的。」我的眼睛馬上狠狠的掃向他。這不只對阿里而言是個意外，對我也是。

「你還不能用它，不過你可以拿出包裝盒看看裡面的塑膠封套。」萊恩繼續說：「等你再稍微大一點，我會教你怎麼用。」

「要等再大很多。」我補上一句。

當晚稍後我們讓小寶們先入睡，我的情緒也稍微平復之後，我決定跟萊恩討論這個話題。

「你知道，我真的覺得送阿里第一把刀之前，我們應該先討論一下。」我先開口了。

「噢，我在維也納看到它。我從來沒有看過這種黑色刀刃的。我知道總有一天我要送他一把，於是我當下就決定買下來。」他說。

「好吧，但是你直接拿給了他……甚至沒先跟我說你買了刀。」我試著保持冷靜的語氣，但最後，我還是忍不住說：「你自作主張。」這是萊恩和我之間有人不按牌理出牌，或是未事先協調就單方面與孩子們進行嚴肅的討論時，彼此抱怨常使用的詞。我們原本協議，對孩子進行任何嚴肅決定或是對話之前，都要事先討論，以確保我們能站在同一陣線。

因為我們有各自的長處以及養育子女的風格，我們互相協調過後，就算只有一方力陳自己的主張，對孩子都是比較適當而且比較有效果的方式，避免我們彼此各行其是，也就是所謂「自作主張」。當然，有時候可能辦不到。舉例來說，你開車載著其中一個孩子時，可能自然的討論到某個嚴肅的話題。這時候我們就必須設想彼此的立場，事後再和對方就這個話題進行討論。如果兩人之中有人用詞不當或是考慮不周，我們設法重新和孩子們單獨或共同討論這個話題。當我們說出「你自作主張」這樣的抱怨，就像是個通關密語，被指責的一方就會立刻明白，而且**幾乎**會毫不遲疑的道歉。（我說幾乎，是因為人生太複雜，我們必須老實承認，有些時候雙方都不願意道歉。）

「你說的沒錯，是我自作主張。對不起。」他說。

「謝了……我還沒有心理準備要讓他接觸刀子。」我回應。

「不過，我們並不是真的給他。」他反駁。

「是沒錯，但是你已經引發了他的好奇心。我不喜歡，我只是希望我們能事先討論好。你也知道我並不喜歡刀。」

「我知道。是我欠考慮。對不起，」他又說了一次：「不過，如果我們不要神祕兮兮，他的好奇心就會降低，實際上這樣他會更安全。」他還是忍不住幫自己辯護。

「我知道這是你的想法，不過他才三歲。還沒到那個時候，所以我們先緩一緩，拜託。」這就是結論——至少先這樣。

—萊恩說—

我如何、以及為何把折疊刀和其他工具介紹給大寶們

我和其他為人父母者一樣，在初為人父時就必須面對一個嚴峻的現實：我沒有辦法無時無刻陪著孩子，保護他們的安全。基於這樣的事實，我想確保自己能為他們做足夠的準備，並教導他們有最佳的機會可以擺脫危險、自我防衛、安全到家。因此，大寶們在滿五歲之後我就開始教導他們如何正確使用折刀。我首先介紹他們認識小孩子用的基本折刀——「我的第一把歐賓諾法國折刀」和「我的第一把維氏瑞士刀（Victorinox Swiss knife）」，這兩者都沒有鋒利的尖角，而是像奶油刮刀一樣的圓頭。我教導他們如何用這類的刀削木頭。大部分小孩子會喜歡、或者慢慢學會削東西，只要在安全的環境下就讓他們有機會學習理解使用折刀的規則。

一開始，我用的是在營火旁烤棉花糖和熱狗的細長木棒。當你第一次削

好叉棉花糖和熱狗的細木棒，必然感到無比的開心。

「你做好了！」我會這樣告訴孩子：「你削出了木棍的尖頭，而且是自己親手做的。你完成了工作——是不是覺得很棒？」他們把棉花糖和熱狗插入竹籤放在營火上烤時，我會這麼問他們。這成了一種成長儀式。

接下來，我會教導大寶們削出更大的矛和拐杖。他們甚至用木頭雕刻出一些器皿和工具。他們同時也學習如何正確拆開盒子、拆包裝、切斷繩子，以及其他需要刀子或銳利的東西才能完成的任務。除此之外，我想要強調——這些早期使用的折刀一定會放在安全且小孩接觸不到的地方。它們一定要在大人的監護下才能拿出來使用，同時這些規則一定會被貫徹執行。偶爾有時候（不可避免的）會發生意外，孩子手上會有些微的割傷——即使是經驗豐富的老爸，有時也會意外割傷自己，但這也是OK繃帶和急救措施派上用場的時候（如我們在第四章的討論）。也正因為意外難免，讓你的孩子了解刀子的用法和威力，以及對它有一定的熟悉程度是很重要的，這反而可以保護他們的安全（也就是說，萬一他們在朋友家裡，這個朋友不懂他們在做什麼而開始玩起刀子的時候）。你希望你的孩子能夠知道規則、正確使用、並保持安全。但如果他們從沒有碰過折刀，或是沒有人教過他們規則和方法，這會讓他們在獨處或是沒有父母監護下準備不足，反倒容易受傷，並有處於危險情況的潛在可能。

隨著大寶們逐漸長大，我介紹他們比較複雜且精緻的刀具，同時讓他們理解刀子除了當工具之外，也可以用來保護自己，像是克莉絲緹娜前面提到的頸刀（克倫比刀），由於刀刃是弧形的（也就是說，大自然中最有效率的形狀，類似老虎的爪），如果有人想從你手中搶走刀，刀刃還是可以觸及攻擊者的手掌或手臂，對敵人製造更大的傷害。攜帶頸刀的好處是它給人更多自信心和安定感，而且它確實有嚇阻的作用。說老實話，克倫比刀看起來就是嚇人，有點耍流氓。如果你真的要用到它（希望那是永遠都不會發生的事），光是把刀拿在手上的樣子就可能把人嚇跑——你不會想跟拿克倫比刀的人開玩笑。除此之外，由於它是掛在脖子的頸刀，沒有人會注意到它。有人可能會搶你的錢包或手提袋、或是要你掏出口袋的東西、或是把你丟進後車廂裡，但是你的頸刀仍會在你的身上，在你需要時派上用場。

另一個我從小教導孩子們使用的工具是弓箭。我在漢娜和杭特分別是三歲和五歲的時候，開始在瑞士訓練他們。他們一開始用的是簡單的初學者弓箭和一個大型的靶。這些年來，他們逐漸專精射箭的技藝，他們可以利用直覺（而不需多花時間瞄準）把箭射向他們想射中的目標，不管他們自己或設定的目標是處於靜態或是動態。他們定期會在祖父母家，充分利用他們數英畝的寬闊土地進行射箭遊戲。漢娜越來越熱愛射箭運動，特別是在看過了《飢餓遊戲》的書籍和電影之後；她希望自己能像電影裡的凱妮絲一樣箭法精準；麗娜想成為迪士尼卡通《勇敢傳說》（*Brave*）裡的梅莉達；至於杭特，他則是天生的射箭好手。女孩子們雖然仍喜歡射箭，但是在青少年期與趣開始慢慢轉移；杭特則是更上層樓，想要從原本練習的長弓改為複合弓。他的十五歲生日時，我幫他買了一副馬修斯複合弓。現在我們定期會一起練習複合弓，提升他的射箭技術除了可以做為野外求生和自我防衛的工具之外，這也是我們一起共度美好時光的好方法。

總結來說，我這麼做都是為了教導孩子們在必要時自我防衛。在他們很小的時候，我就介紹一些工具給他們認識，這些工具在日後有需要時也可以當成武器。透過正確而且安全的作法，這些工具會是你無法在身邊保護他們時，孩子們為危險狀況預作準備的好辦法。

你不得不承認，你也開始相信他了吧？雖然對我而言，一想到小孩子拿自己的折刀削木頭，不只覺得不適當，甚至會覺得太危險。（或許你也有同樣想法？）一旦我理解萊恩漸進的方式，以及他背後的思考模式，一切開始變得有道理。我的意思倒不是說你的孩子需要隨身帶著刀子，或是任何武器。**絕不是**。請再聽我說一次：你的孩子不需要帶著**任何**刀子或武器，他也不應在家裡拿到任何武器。如果你或你的另一半有任何武器，請把它們好好放在只有你們知道密碼的保險櫃裡。

雖然說我現在比較能理解萊恩的作法，但我仍不是百分之百完全贊同。我還是認為，有時他太早跟孩子們提這些話題了——像是他告訴我們三歲大的孩子，幫他買了再大一點就可以用的專屬折刀。不過，我想至少我們兩人取得了折衷的平衡點。而且說真的，我很感謝他在討論這個話題時能從他較傳統的間諜背景出發，因為這調和了我專注數據、以分析為主的養育方式。

✔ 教導你的孩子自我防衛的重要原則

如今，我相信為不可預期的狀況幫孩子做好準備和訓練是必要的。我希望孩子知道，遇到狀況時要如何打退攻擊者——儘管我衷心祈禱他永遠不會遇到。萊恩用深思熟慮的作法，讓孩子們認識工具和了解身體的脆弱性，這讓孩子們可以逐步建構知識、技能，又不致對這些概念感到格格不入。底下是你教導孩子自我防衛需著重的幾個原則：

一、尋找適當武器

如果你和我一樣覺得刀子讓人不自在，那就先把它排除在外。但萬一，你的孩子陷入必須戰鬥的局面，你應該幫助他了解，可以利用身邊任何東西當武器來自我防衛。舉例來說，我寫作的此刻就坐在書桌前，如果有個攻擊者進入家裡，我第一個拿來對付他們的是我的桌燈——教你的孩子找出可以充當「臨時防衛工具」的物品，因為當他無法避開危險且無路可退時，會需要找到觸手可及的物品。

他會需要適當的武器，不管是隨身攜帶的物品，或是在周遭瞬間反應發現可以阻擋攻擊者的臨時武器，總之，都需要有個東西，用來①發揮嚇阻作用；②讓他和攻擊者維持距離；③傷害或壓制攻擊者。它未必一定是我們認知中的「武器」，可能只是個釘書機、槌子、甚至是一枝筆。重點未必是物品本身，而是在物品的用法，它們甚至可能比任何折刀還要致命。這個武器也有可能是孩子自己的拳頭或膝蓋——我很推薦他們參加防身課程，好學習運用自己身體來自我防衛。不過，很重要的是，即使你的孩子們學會了這些防衛技巧，他也要了解，如果攻擊者體型比他大，或是人數比較多，他就處於嚴重劣勢。也因此，他應該利用所有可利用的東西，如果身邊沒有可隨手取得的臨時武器，也應該學會盡可能的大聲呼救。

二、找機會和孩子練拳和摔角

我們已經討論過教導你的孩子快速反應的重要，小時候練習的好方法是一起練拳和摔角。當然，這種練習會隨著他長大而變得更進階和強化，不過，不必擔心太早開始。如果用玩耍的方式進行，孩子也會覺得有趣，他甚至不會知道你在教導的是真實世界裡的防身術。如果你基於某些理由不方便參與訓練，可以考慮幫孩子報名武術課程，或是參加學校的角力隊。

三、透過電影和真實世界的例子，強調身體的脆弱性

前面討論過，有一個關鍵是要讓孩子了解，人的身體很容易就會受傷甚至失去生命。電影和電玩遊戲裡充斥各種不切實際的例子，他可能不容易理解人類是多麼脆弱。幫助他理解，好讓他知道電影裡看到的並不是真的。在此同時，你的目的並不是為了嚇唬他，而是賦予他力量，所以應該用啟發的方式讓他理解，並且結合第五章裡如何擺脫危險因子的知識。你可以像萊恩一樣，在電影播到一半時暫停，與孩子們討論這個概念；或者，如果你的孩子年齡合適，也可以利用實際的新聞事件給孩子活用的教育。

你的孩子需要以上這些技能和防衛知識，不只是為了擊退敵人、或是為了僵屍末日做準備。如我在後面幾章會討論的，這是為了讓他能靈活應變，對生活中各方面都可以帶來幫助。除此之外，訓練和強調這些技能，有助於提升自信，並加強對自我防衛技巧的實際理解。他將因此具備安全意識，並在同儕間占有優勢，如此一來，也會讓你更安心、平靜、有信心，相信孩子在任何情況下都能做最好的準備。

8

我倆真有緣

找到與他人的共通點

「好，讓我們再練習一次。」我聽到萊恩在廚房餐桌上跟漢娜這麼說。我坐在隔壁房間，仔細觀察他如何為再次成為轉學生而焦慮的小六生做準備。我以為孩子們早已經習慣搬家和換新學校。畢竟萊恩在離婚前，就有多次在國外不同地點出差輪調的經驗，但是對孩子來說，事情並沒有因此變得容易，特別是漢娜，她是我們個性最內向、也最善良的大女兒。萊恩每次都會和她進行角色扮演，指點她和人打交道和結交新朋友的最好辦法。

「好的。」漢娜說：「我先開始……嗨，我是漢娜。你叫什麼名字？」

「嗨，我是凱蒂。」萊恩說。

「午餐時我們可以一起坐嗎？」漢娜怯生生地問。

「沒問題。」

「你的暑假過得好嗎？」漢娜問。

「等一下！」萊恩突然跳出角色：「你絕對不要用是非題開頭。不然對方回答你好或不好，話題就結束了。你要問她開放式的問題，這樣她才可以跟你分享暑假做了什麼事。接下來，從談話裡，你可以運用談話內容來建立融洽關係。我們再試一次。」

「嗨，漢娜，當然好啦，我們坐一起吧。」萊恩說，重新扮起六年級小女生凱蒂。

「謝謝……那麼……你暑假都在做些什麼？」漢娜問。

「太棒了！」萊恩說，再次跳出角色。「這就是我說的意思。」

然後他又回到角色：「我都在游泳。」

「好像很好玩。我也喜歡游泳。你去哪裡游泳？」

「我們家有一艘船，我們會坐船去遊湖。」凱蒂說。

「太酷了！我祖父母也有一艘船，我很小的時候就坐船去玩。我喜歡和我的弟弟妹妹以及親戚的孩子們玩漂漂河泳圈。」漢娜說。這是萊恩教她的另一個技巧，稱之為「有去有來」（give to take）。當人們「給」了你一些東西，讓你們產生了連結，這時你可以回饋一些你的東西，讓對話繼續下去並建立融洽關係。

「漂漂河最棒了！」萊恩再次回到凱蒂。接下來，又跳出角色：「太好了，漢娜，你明天就該照這樣做。在你提到自己家人之後，還可以問什麼問題？」

「唔……我可以問一些她家人的事嗎？」漢娜問。

「沒錯。也許你可以問『你們家是大家庭還是小家庭』？」萊恩引導她：「記得不要問是非題，然後根據你得到的訊息繼續攀談。要記住人家的名字。這樣稍後或是隔天再遇到他們，打招呼時就可以直接喊名字。這會讓他們覺得自己很特別，也有助於你強化跟他們的關係。」

我坐在沙發上，一臉驚嘆和困惑。萊恩看出了我的表情，在漢娜起身回到她房間之後，他走到了我身邊。

「為什麼你露出這種表情？」他問。

「你是不是在傳授『我倆真有緣』（You Me, Same Same）這一招？」我直截了當問他。我很確定我看出了這個技巧，但是除了ＣＩＡ的訓練或是行動任務之外，我從沒看過這一招在其他情境被使用過。

他笑了。

「是的。」他說：「這是教他們和他人連結的最好方法。說到底，人生就是一連串人際關係構成的，他們必須知道如何建立關係。」

✔ 人際關係的威力

這並不是我第一次聽到萊恩說人生就是關係，當然也不會是最後一次。憑良心說，我從沒有想過這個間諜技巧會被用在孩子們的日常生活裡。事實上，在遇到萊恩之前，我單純把它當成有點狡猾的攀談方式，是為了達成目的所施展的手段，儘管目的是為了愛國。

大部分人想到CIA，想到的約莫就是我們之前討論過的——警戒、維安、信任你的直覺。他們或許認為詹姆士．龐德溫文儒雅，但是他們大概沒想過要創造出八面玲瓏的CIA探員需要多少社交技巧。就和體能方面的專業訓練一樣，這類的訓練和經驗也有助於打造我們的育兒方式。

在認識萊恩前不久，我接受過任務訓練，為我在行動司的駐地任務做準備。第一堂課是一個八週的入門課程，這是行動司探員進入CIA後馬上會參加的課。我們八位分析員和穿綠制服的行動司新人們一同上課，他們第一次清楚了解組織的架構，我們一起學習如何接觸對象，聽取線民簡報，並撰寫任務電文。所謂電文，基本上是你送回總部關於你和線民會面內容的摘要。

身為分析員，多年來定期要解讀電文和撰寫報告，我對於訓練課程中電文撰寫和簡報的部分駕輕就熟。奇怪的是，對於如何接觸目標（英文叫做「撞上」〔bump〕，就是在會面時顯得自然，像是湊巧相遇），我感覺它很像大學姊妹會的社團迎新。不過如果我跟教官這麼說，我確定他們一定會堅持它要比大學迎新複雜得多。在行動司的訓練中角色扮演很常見，我們為了訓練目的也會進行一些模擬的外交接待工作。在進入接待室之前，我們先拿到一張我們接觸目標的照片和一些他的相關細節——像是興趣、嗜好、厭惡或喜愛的事物。我們的任務是利用這些卡片上的訊息來找出對象，完成一段有意義的對話，最後並確認彼此下一次的會面方式。

我在大學社團的經驗跟這個情況很類似，在想加入社團的新生進來參觀之前，我們會先設法找出她們的照片和一些個人資料。接著我們開始分派這些女孩的接待人選，如果一切都如計畫進行，你接待的對象就是你之前研究過資料的對象。有時它可能不管用，因為女孩們不見得按照時間順序出現，但如果按計畫進行，一切將非常完美。當你不經意提到了事先得知的資料，彼此可以馬上建立起聯繫。

「姊妹會的某某某說她昨天見到你很開心。她提到你高中時演過話劇，我也是耶！」我跟其中一位女孩這樣說。

「哇，真的嗎？好酷唷。你演過哪些戲？」

於是對話可以延續下去。女孩子都喜歡有人提起她做過的風光事，但事實上，根本沒人跟你提過。或者，如果你想儘量顯得自然，可以不經意把話題導引到她的興趣上，當她們說她們也喜歡踢拳道（自由搏擊）時故作驚訝。但事實上，你根本一點都不驚訝，因為你的提示卡裡已經有這些女孩想加入社團之前填寫的資料，以及其他社員之前跟她們見面時收集到的提示。簡單來說，提示卡讓你在和她會面前就掌握住你需要知道的一切——這是完美的事先布局，畢竟有這麼多女孩子來參觀社團，你不可能跟前一場派對和她交談過的社員交換心得。我們必須接待這麼多女孩子，實際上你很難馬上記住每個人的姓名。不過一會兒的工夫，Tiffany 的手環、Burberry 的圍巾、還有 Ugg 靴子的話題就開始交融在一起了。

在ＣＩＡ，我們用類似的方式來接觸目標和發展關係，我們稱這招為「我倆真有緣」。找出共同點來創造連結，讓對話順利進展。當然，在這種情況下，你不會告訴他們這是你從別人那裡打探出來的消息。

在你遇上目標並建立連結後，接下來的任務是確認第二次的會面。大致的作法是以共同的興趣和他們做連結，接下來的重點則是設法讓對方多說話。一般而言，人們喜歡談論自己。通常人們在結束跟某人的談話之後，心想「**哇，我還挺喜歡這傢伙的**」，但是實際上，剛才絕大部分時間其實都是在談自己。用對方喜歡的話題來跟對方做連結，再加點關於對方的個人提問——這一切都要自然的進行——會讓對方對這次的會談留下正面印象。以此做為起點，你和你的目標對象不定時會面並發展關係，你和對方就成了「朋友」——和他們一起上餐廳、聽音樂會、打高爾夫，諸如此類。我知道有些行動官會跟線民去高空跳傘或是賽車！有些時候，建立和發展這種融洽關係要持續幾個月，但也可能要持續幾年。在這段時間，你不只是建立信賴，同時也對目標進行評估，了解他們的動機、弱點、癖好、政治意識型態等。一旦關係取得進展，你運用所有的評估資料和你與這個人建立的交情，才能對他進行最終的「招募」——意思是正式要求對方與ＣＩＡ建立祕密的關係，也就是為美國政府進行間諜工作。假如一個行動官的作法正確，已經建立足夠的交情和穩固的關係，通常對方最後都會同意。教官們把它類比為求婚：你不會隨便跟一個人求婚，除非你99.9%確定對方會說我願意。同樣道理，你不會隨便吸收線民，除非你99.9%確定他們會同意。

說老實話，這些作法讓我內心有些忐忑——不管是在十九歲的姊妹會社團，還是在多年之後的CIA訓練課程。而且，原來行動司那些傢伙都是用這一套在釣我跟他們約會！雖然我好幾次被他們的大絕招所打動，不過也常有行動官使用這套「我倆真有緣」的招式搭訕時，被我察覺出他們並不真誠。在從總部輪調到行動司期間，有一次我參加每週例行任務會議，聽到他們準備和目標接觸的計畫，有時他們的作法在我聽來實在不大對勁：在醫院的候診室接近目標，用你的父母親也都有多發性硬化症（multiple sclerosis）當作彼此共同話題？——唔，這手法聽來有點遜。在幾天的研討會裡，以女科學家的身分連結你的核心目標，假裝自己是她的朋友，最後開完會了才告訴她這一切只是藉口，目的是希望她幫你從事間諜工作？——太爛了吧！這類「我倆真有緣」的嘗試不只是讓我內心不安和質疑，而且多半不會成功，就像上面這兩個實際例子一樣。當行動官以刻意操弄或是假扮身分的方式運用這個招數，雙方的關係進展絕對不如找出雙方**真正的**共通之處為出發點那般順利。

一直到我遇見萊恩之後，我才明白不同的作法可以帶來更好的結果。

舉例來說，萊恩在一次國外的任務中，每天都要與幾個不同國家的人見面，他證明了自己可以用任何語言、跟任何國家的任何人建立起融洽關係。原因在於他明白，整體來說人們的共同處比我們想像的還要多。在新聞報導和社群媒體裡常突顯我們彼此在政治、文化等方面的差異，但是萊恩總會設法找出彼此之間的共同處。不過，他成功的關鍵不只是找出相同點——而且他也是我見過興趣最廣泛的人。當他手邊找不出和對方一樣的興趣，他會乾脆根據對方的興趣來培養自己的興趣。某些情況下，他也能充分發揮創意。

——萊恩說——

為追求更高利益的水肺潛水

在某次海外任務期間，我們發現有一家公司牽涉到某個有重大利害關係國家的不法活動。我們得找到一個方法來取得這個極具價值的情報，於是情報站的探員深入調查這家公司，找尋哪些人最可能有獲取所需情報的管道。當他把目標縮小到三個人之後，我們就開始逐步分析他們生活的種種面向——財務、工作、社群媒體、就學經驗等。從這三人中我們最後鎖定其中一個我們認為最可能拉攏的對象。我們對他進行盡可能深入的研究，工作站的主任最後選定由我負責和他接觸。

我可以採取許多方式和他進行接觸——事實上，接下類似任務的任何人都是如此——特別是因為我們已經掌握這個人的許多相關資訊。我知道我要設法找出和他相同的興趣，好跟他建立真正的連結。我反覆仔細瀏覽他的興趣和嗜好，發現水肺潛水一再出現在資料裡——的確，過去我從來不曾從事潛水活動，但它一直是我想要嘗試的活動。我不需要假裝有興趣或故作興奮——老天，如果有機會的話，我甚至可能真的愛上潛水。於是，我的任務計畫成型了。

我馬上報名水肺潛水課程，並加入當地的潛水俱樂部，這裡是我計劃和這個對象接觸的地點。我們得知他熱愛潛水，已經到了把它當成終身志趣的程度。我出現在潛水俱樂部的第一晚，就知道目標在那兒。我已經預先準備好了所有的台詞——由於我事先對他有充分了解，讓我得以發展一套建立交情的計畫和策略。我已經精密計算到要和他談些什麼，我們的話題會一路順利進展，整場談話由我來主導和控制。

這次的會面一如我所希望。談話內容和我預想的一模一樣，最後我們從共同興趣建立起良好關係。我唯一的目的就是讓這個對象對我有好感，對我這個人感興趣，讓他想和我再次見面並成為好朋友。在接下來幾個月內，我們持續每週固定見面，有時一起共進午餐或是晚餐。我開始了解他私底下的生活，甚至和他的妻子和孩子見面。剛開始的前幾個月，我從來沒有提到關於他的工作的話題——一次也沒有。如果是他主動提起，我會趁機問些問題，從他身上取得一些資訊，但是我會小心翼翼不要成為率先提到這個話題的人。

相反的，我把重點放在幾個月裡持續以朋友的身分和他保持聯繫。在此同時，我自然而然了解他的工作動機、意識型態以及他的弱點——也就是任何讓他與情報單位建立祕密關係的資訊。雖說這是最後的目的，但重點永遠是如何利用這些共同的興趣，來建立真正的關係，以達成我們所要的。

萊恩在水肺潛水所下的工夫，目的是做好準備工作，可以有自信說動一個人加入和CIA的正式祕密關係，這是所謂的線民招募——你需要花時間和這個人建立起融洽感情，形成信賴的關係。這種關係的基礎，應當建立於彼此真正的共通處。但是，如果你的興趣有限，就很難用共同的興趣和他人做連結，而且實際生活中，你大概也不會為了和某個人連結，花那麼多時間和金錢去培養一個新的興趣。也正因如此，這裡要強調的一個重要觀念是：要**即早讓孩子培養多元廣泛的興趣**——他應該對某些事非常專精，並且對每件事都略知一二。

教導孩子這個概念，最好的方法就是做他的榜樣。拿萊恩來做例子，他會說四國語言，能演奏多種樂器，喜歡從事各種運動，還擅長各式烘焙料理——多才多藝，列舉不完。真的，我沒開玩笑，有如此廣泛的專長和興趣，他和陌生人碰面幾乎可以無所不談，輕鬆找到彼此連結的共同點。話說回來，我和他的第一次約會，倒不只是因為我們有可以連結的共同興趣——令我為之著迷的是他興趣的廣度。我也能說多種語言，但是我很確定，其他大部分的才藝我都做不來。當他告訴我，他會吹奏愛爾蘭錫哨時，我忍不住大笑——他當然是真的會吹，而且可不是什麼隨便的哨子，他吹奏的錫哨是佛羅里達州某個叫做「製笛人艾瑞克」用可可菠蘿木手工打造的。**這傢伙是哪來的？**我馬上就知道自己想對他多了解一些。

見到萊恩的孩子之後，我對萊恩更加著迷。在我看來，很顯然他也對孩子灌輸了要培養廣泛興趣的觀念。說老實話，之前我從沒見過不滿十歲的小孩會騎摩托車、射箭和滑雪。由於我原本的生活一直圍繞著工作打轉，我必須很尷尬的承認，大寶們的嗜好和才藝比我這個年近三十歲的人還要多。在我們戀愛和新婚的那幾年，我開始不過度沉浸於工作，這無疑也是萊恩給我的啟發。他有令人嘆服的能力，可以把家庭擺在優先，又不至影響工作上的傑出表現。

我發現，脫離了總部辦公室和華府特區的喧囂忙碌之後，我有更多的時間可以培養嗜好。大部分的時間我選擇陪伴萊恩和孩子們，從事各種他們喜愛的活動，直到阿里出生，我待在家成為全職母親後，我開始為自己的身分感到掙扎。沒了工作，我到底是什麼樣的人？如果沒有這些年來的非洲遊歷，我到底算什麼？少了萊恩，我還有什麼嗜好？少了大寶們？少了我剛出生的寶貝？有時候，我不禁會想，關於我最有意思的部分就是我的丈夫。

我常和萊恩分享這個想法，一開始他似乎不大能理解。

「妳當然有妳的嗜好啦。」他說：「你喜歡健行……做皮革手工藝……射箭……？」

我忍不住笑出來。

「那些都是你的嗜好。」我說：「我從來沒有用皮革做出任何東西。」顯然，他把我規劃經營他的皮革作品生意，和我自己會用皮革縫製皮夾或手提袋的才華搞錯了。

「好吧，沒錯。但你也喜歡這些東西啊……而且你也可以學做皮革。」他顯然仍不懂我的意思。

我的確喜歡這些事物，但它們感覺並不屬於我。這並不是說人們不能培養相同的興趣——畢竟，這是「我倆真有緣」這個概念的精神所在，但是我真正需要的，是在人生的這個階段有我熱情想追求的興趣。我自己的「水肺潛水」是什麼？

分娩後，我嚴重睡眠不足，靠著大量的咖啡因生活，實在不太有時間可以找尋新嗜好。不過我知道，如果我不出門走一走一定會瘋掉，於是我在附近城裡結交一群媽媽友的運動社團。我不確定是否產後焦慮症才讓運動變得這麼美好，還是因為我打從進入職場之後，第一次找到了我很在行、而且真正樂在其中的活動——也許兩者都是。幾個月之內，我接受了擔任健身教練的訓練；兩年後，在阿里兩歲、琪琪一歲的時候，我在我住的小山城創辦一家專供產前和產繼母親運動的健身房。我發現自己愛上了健身，這可能是連自己都大吃一驚的事，畢竟我小時候總是想盡各種理由逃避上體育課。此外，幫地方的媽媽們創造一個共同興趣的群體，也讓我樂在其中。這裡的媽媽們可以分享他們半夜被吵醒、餵母乳或使用奶瓶、訓練孩子上廁所等各種經驗，同時也是母親們分享生活和辛勞的安全所在。這些媽媽們覺得她們終於找到一個地方，可以和其他女性討論自己剛經歷過的人生及生理上的重大改變。這是「我倆真有緣」的經典範例，而且一切源自於我找到了自己真正喜歡的事物。

這些年下來，我也嘗試各種不同領域的嗜好，努力讓自己成為一個興趣廣泛的成年人和母親：從參加派餅的烘焙課程到報名建築之旅，或學習如何快艇衝浪。有時候，年過三十才投入新嗜好會讓人覺得不大自在，也因此我認為及早灌輸孩子們這個概念很重要。我們可以協助他們先培養各式的興趣，我們也可以做他們的榜樣，讓孩子了解不管在任何年齡，都能享受發現新嗜好的樂趣。擁有廣泛的興趣並學會利用這些興趣和其他人做連結，可以幫助孩子結交朋友、化解紛爭、搞定工作面試、約會，在人生各個階段都無往不利。

從哪裡開始？

首先，要及早讓孩子接觸各式各樣的技能。這是為教導「我倆真有緣」的概念奠定基礎的最好方法。你可以考慮一些實用的生活技能，既可以幫助孩子均衡發展，又能讓他真正感興趣。可以納入考慮的活動包括射箭、摩托車、帆船、健行、露營、烹飪、田徑、程式設計、音樂、手工藝等。它們未必是你本身具備的技能，你可以幫孩子找出他有興趣的課程，或者你也可以和他一起發展新的興趣。看到你和他一起學習新事物，可以讓他了解擴展自己的興趣永遠不嫌晚。

許多才藝不只可以有助於和其他人連結，它還有額外的好處。例如前面討論過的求生技能。像麗娜在必要情況下，可以自己靠弓箭來狩獵食物，我前面也提過，她百發百中的箭法讓同學和老師們讚嘆不已——這讓她在他人眼中更具魅力，也讓她可以利用這個有趣的嗜好和他們打交道。此外，孩子們騎摩托車的經驗，讓他們和別人有更多話題可聊；萬一發生天災，漢娜的摩托車技術也可以讓她迅速逃離現場。不過，說老實話，對於把我的寶貝們（畢竟，他們永遠都是我的寶貝）放上摩托車，我還是有點猶豫。這算我和萊恩之間彼此尊重對方不同看法的議題。話雖如此，從各種角度來看，我明白它的價值，不過，在小寶們成年之前到底該不該讓他們獨自騎車，目前我們還沒有共識。如果你也有這層顧慮，就可以先不考慮摩托車。你和孩子仍有很多嗜好可以一起去探索，並不需要局限在體能方面的技能。

腦力訓練同樣重要，因此我們建議讓你的孩子每天固定時間閱讀，由你或是他自己選定讀物。在我們家裡，我們比較偏愛哈佛經典叢書和《經濟學人》雜誌。介紹你的孩子閱讀經典叢書，是提供他與世界各地的人們連結的好辦法；讓他接觸討論時事的文章，對開展全球視野非常重要。這些技能最終目的是提供孩子豐富的話題，可以和他人討論，幫助他培養良好的社交能力。

一旦他培養了廣泛興趣——或是正在培養的過程中——就可以教導他如何運用嗜好和他人進行有效的溝通。就如同萊恩為漢娜第一天到新學校做準備一樣，你可以利用角色扮演，讓他學會如何對別人提問並建立友誼。在「農場」裡，角色扮演被當成有效的訓練工作而廣泛的被使用，所以，何不也拿它跟孩子一同練習？

萊恩和前妻離婚後，為了有更多的時間陪孩子，他定期會在前妻住家附近的一家旅館和孩子們一起過夜。當時，他的工作地點在幾百英里外，經常開車來回只為了多陪陪孩子們，那段時間他的汽車里程數也快速增加。在那間巴伐利亞風格的飯店共度的夜晚，他和孩子們進行各種角色扮演，從如何說服老師給他們更多加分的表現機會，到如何與警方互動。大寶們逐漸愛上這種練習，這也為他們在未來的日子裡如何跟朋友和大人們互動打下基礎。

✔ 教導孩子與他人建立融洽關係的重要原則

教孩子「我倆真有緣」的概念，並開始透過角色扮演落實這些技巧時，有以下幾個重點必須強調：

一、不應該假裝成不像自己的人

你的孩子必須找到真正的共同興趣，如果沒有的話，也應該試著對他人的興趣產生真正的興趣。如果某個特定的技能目前孩子還不會，但是樂意去學，那就完全沒問題，學習這個技能也可以成為建立友誼的好方法。對方正好可以扮演老師的角色，來傳授自己所熱衷的事物的訣竅。不過，你的孩子必須是真心對學習這個活動有興趣。當初我和萊恩認識時，萊恩一再提醒我，不必勉強裝作喜歡學滑雪。雖然他努力想說服我滑雪很安全，但我對從山頂全速俯衝還是感到害怕，更別提搭登山吊椅了！不管你的孩子做什麼，都不應該對沒興趣的東西假裝有興趣。

我想到電影《二十七件禮服的祕密》（*27 Dresses*）裡的妹妹，她為了結識男性而假裝自己是個素食者和喜歡戶外活動的動保人士。她的計謀很成功，直到籌劃婚禮時，飾演她姊姊的凱薩琳・海格（Katherine Heigl）在婚禮晚宴彩排時才揭露她是個愛吃肉、討厭狗、不喜歡出門的女人，這也讓他們的關係因此破裂。同樣道理，友誼和人際關係如果建立在不誠實的基礎上，就不可能開花結果。

二、幫助孩子找出自己喜好的事物

和你的孩子強調，結交朋友的最好方法是專注在自己有興趣的事物，如此一來，他就容易遇到並結交喜歡這些活動的同好。這並不是說，不應該和喜好截然不同的人交朋友，重點是教導他從共通點來建立人際關係。對孩子強調，人與人的共同之處往往比我們預想的還要多。要做到這一點，孩子必須找出真正有共鳴的事物。屬於他的「水肺潛水」是什麼？在協助他培養興趣時你可以一起探索。或許，他要花很多年才能找到自己真正熱愛的事物，這也無妨；他的興趣也可能不斷變換，這也無妨。

三、鼓勵孩子嘗試新事物，也要知道何時該放手

鼓勵你的孩子嘗試新事物固然重要，不過，如果某件你以為他會喜歡的東西並

不能引起興趣時，也應該適時停下。舉例來說，萊恩堅持我們應該鼓勵大寶們嘗試各類運動，包括一些他們並不想嘗試的項目，像是越野長跑和網球。我們夫婦都相信，如果不嘗試，你永遠無法知道你是否真正討厭某個東西。而且，就算孩子沒有繼續從事這兩項運動，只要試過，淺嚐即止也好，都可以納入興趣之列，在不同的人生階段裡發展運用。

四、打開孩子的眼睛看世界

我們建議，要尋找機會，及早跟你的孩子介紹不同的文化和世界觀。孩子的年紀如果稍大，可以讓他每天閱讀國際新聞（前面已經討論過）。對年紀較小的孩子，你可以先透過拼圖甚至是食物，來開啟他們探索外面不同的世界。舉例來說，我們教導阿里認識字母和分辨形狀之前，就已經開始介紹他認識世界地圖和國家的拼圖。因為我們知道，認識字母和形狀固然重要，學習地理和其他不同的文化也同樣重要，甚至更重要。另一個實際的例子是，琪琪最先認識的單字之一是Africa。（媽咪的驕傲時刻！）還有一個讓孩子儘早認識世界的方法，是從小介紹他們各地不同的食物。小寶們（大寶們有時候也是）和很多美國小孩一樣，喜歡起司通心粉和雞塊；不過，如果我們晚餐吃印度香料烤雞咖哩，全家人也都沒有問題。我們不會因為孩子的要求——特別是不受控的幼兒吵起來簡直像是命令——就幫他們做起司通心粉。

如果你的孩子從小就能靈活運用「我倆真有緣」的概念，將對他終身有極大幫助，尤其長大成人後會比其他人更具優勢。在國家分歧似乎越來越嚴重的時刻，大家更不該忘了，我們彼此的共同之處多過於我們的想像，我們應該試著去找出共通點。也別忘了，人生完全是建立在人與人的關係上。

9 筆勝於劍

進行有效的溝通

「呃，不對，麗娜，你這樣不對。」漢娜的聲音聽起來有點氣餒：「你看看這一段。」她繼續說。

在廚房餐桌坐在她旁邊的麗娜則是一臉疲憊和茫然。她們已經這個樣子超過一個小時，我則坐在隔壁房間的沙發上，有一陣沒一陣的聽她們對話。我實在忍不住偷笑。

我哄完小寶們睡覺、剛下樓的時候，幾乎不敢相信自己的眼睛——漢娜？她竟然在指導麗娜作報告？不到四個月前，我也曾坐在餐桌旁的同一個位子，指導讀高三的漢娜如何寫她選修的一門大學課程的研究報告。我協助漢娜時也經歷過同樣的挫折感，不過我極力掩藏情緒不讓她察覺出來。

「你應該看她原來的草稿。真是糟透了。」漢娜趁著麗娜上廁所時小聲跟我說。

「好，但別跟她這麼說。你必須鼓勵她，建立她的信心。除了告訴她要改進的部分，你也要試著指出好的部分。」我告訴她。

「好吧，不過說真的，你應該看一下，我幫她修改後好多了。」她的語氣中帶著自豪。事實上，這一刻沒有人比我更覺得自豪。過去幾個月，我花了非常多時間教導漢娜如何寫作。漢娜是充滿創意和敘事能力的高手，交代她寫篇作文，寫出來的故事保證讓你大開眼界。但如果是比較正式的研究報告、或是需要分析和支持數據的文章，對她而言可能會稍微困難一點。她比較沒有耐心，也沒有興趣花時間去注意正確的文法和標點符號。同時，過去從沒有人可以坐在她旁邊、用她能理解的方式教導她如何寫作。

在無數次修改漢娜的報告草稿後，讓我欣慰的不只是她秋季學期最後拿到全A的成績，我更高興的是她的最後幾份報告不需要我幫忙修改，她對自己的寫作能力已經感到滿意和自信。不過，看她指導麗娜，這又進入了另一個層次。這告訴了我兩件事：一、我教導的寫作課她已經真正吸收理解；二、她終於知道我花了多少精力和時間幫助她學習，而且中間得經歷痛苦挫折，就和她現在面對麗娜的親身體驗一樣。我很有成就感，不只因為我和所有為人父母者一樣，都希望看到自己的孩子成功，更重要的是，我能把自己符合CIA聘任資格最重要的強項——也就是良好寫作能力——傳授給孩子們。

為什麼間諜要會寫作

好萊塢電影中所描繪的CIA探員，往往是祕密行動的那一面，不過當間諜最重要、而且往往被忽略的一項特長，其實是良好的寫作能力。每個加入情報司的分析員都要接受四個月稱為「職涯分析員課程」（Career Analyst Program，簡稱CAP）的紮實分析訓練，內容包括寫作、簡報、以及批判式思考練習。簡單來說，我被訓練成為一個溝通專家，我要學習如何統合大量的資訊，整理成簡單明瞭的分析、判斷。在那裡，我學會如何把這些評估，用書面或是口頭形式，以易於消化理解的方式傳達給他人。在情報司裡，有各種專案的專家——美國總統仰賴我們來告訴他，我們所負責的這些國家情況如何。分析員往往每天需要閱讀數以百計、有時甚至數以千計來自各地的田野情報，並利用各種不同的分析技巧來解釋他們的情報評估。

我寫過各式各樣的情報報告，包括「總統每日簡報」（President's Daily Brief，簡稱PDB）的短篇和長篇文章，這是要交送給總統和內閣閣員的情報評估；還有名為CIA WIRe的情報圈內部機密平台的文章；另外還有領導階層簡介、外國領導人的簡歷和心理特質檔案。除了這幾種類型的書面評估報告，我還得隨時回答決策人士有關我負責領域的任何問題，這會以「工作任務」的形式，從CIA七樓的領導階層指派下來。這些工作任務是一些需要即刻回答的問題，有時必須在幾個小時內完成，有時則在幾天內回覆。除了這些任務之外，我同時也要寫篇幅較長的完整情報評估，它們的適用期限從三個月到十二個月不等。這是我為了升等必須進行的文書工作，以展現我身為分析員的能力和深厚的專業知識。

除了撰寫總統每日簡報、WIRe的文章、以及領導階層簡介之外，不難想像我能用在撰寫長篇研究報告的時間其實非常少。這意味著分析員如果想在同儕間早一步出人頭地，就必須花時間額外下功夫。於是，我不時要在週末進辦公室，安靜的地下室裡有時就我一個人，這才得以讓我的報告有所進展，一步步接近升等的目標。

不過，這些情報評估的主要目的並不是為了升遷。情報分析員為的是提供資訊給決策部門，幫助美國政府預判威脅和掌握機會。為了達到這個目的，傳遞訊息給總統和資深決策官員的方式必須易於理解和吸收——他們都是大忙人。因此，最重要的原則就是BLUF，也就是所謂的「結論優先」（Bottom Line Up Front）。你必須先假設人們不會讀完全部的文章，你必須把最重要的訊息放在最前面。基本上，你必須學習如何寫得簡明扼要，以達成良好的溝通。

文書寫作並不是分析員和決策者溝通的唯一方式。他們還要做情報簡報，也就是當面做口頭報告。這表示除了用文字進行良好溝通，還要知道怎麼把話說得簡明扼要，同時隨時準備應付你專長領域的問題。在簡報之前，分析員和團隊成員會進行協調，寫下報告重點，這代表著更多的寫作工作！由於分析員有這樣的寫作要求，各個都成了文筆流暢的寫手，可以在非常短的時間內寫出大量品質良好的文字內容。

分析員的這種訓練和經驗對我有很多好處，我的CIA後半段生涯和萊恩一起工作，我比駐地的其他行動官擁有更大的優勢。我在出差前接受了一些任務訓練，不過我並不像行動司的同仁一樣，在「農場」接受過長期的完整訓練。

他們已經習慣寫電文——這是工作站與總部、以及工作站之間發送的訊息。

在「農場」訓練期間，行動官學會如何撰寫電文，主要訓練包括我前面提過你可能覺得驚悚刺激的間諜技能，像是如何招募線民、偵測監控、攻擊性和防禦性的駕駛、以及使用武器等。無論如何，寫這些電文也是他們駐地工作不可缺少的一部分。這是行動官向總部記錄任務進度的工具，比方說他們為了招募線民向總部徵詢許可，這類事項也必須透過電文溝通。

除了電文之外，他們也在情報報告裡寫下他們從線民那裡得到的國外情報，它們會循系統送交總部的分析員解讀和分析。一個行動官聽取線民匯報、找出緊要的資訊、並以簡單明瞭方式記錄下來，這種能力攸關每一次任務出勤的成敗。畢竟，說到底，如果你無法從線民身上取得具有洞見的國外情報，並寫成夠分量、有影響力的報告，招募線民有什麼用？

雖然我沒有接受和他們一樣的任務訓練（我在外派前只接受過較短期的類似訓練），我卻發現對我而言並不構成問題。我成功運用在情報司的分析技巧，表現甚至勝過萊恩之外的任何探員，我成了那個工作站史上情報報告產量第二高的探員。我在情報司練慣了快速寫作，再加上我善於辨識有用情報的判斷能力，成了我勝過其他行動官的祕密武器。

有了在情報司和行動司的工作經驗，我可以馬上告訴你，我認為情報司最棒了。這在我們家中是經常辯論的話題，我發現孩子們常會站在萊恩那一邊。我能說什麼？寫作和簡報也許很難和情報工作比較精彩刺激的那一面相提並論。但是，你是為自由世界最有權力的人撰寫報告，這難道不令人興奮嗎？要怪只能怪好萊塢——玩笑歸玩笑，不管任何職業，學會良好的寫作能力和說話的溝通技巧，都是非常重要的一件事。教導你的孩子學習這個技能，不管他們人生選擇哪一條道路，都是奠定他成功的基礎。

—萊恩說—

分析員是戰力加乘器

我必須承認，大部分CIA的分析員不只文筆好，而且寫得又快又好又流利。幸運的是，我老早就知道他們的這些特質，也經常利用分析員的專業和寫作能力，讓我的工作得到助益。說實話，分析員可以成為情報收集的戰力加乘器（force multiplier）。我經常運用他們的專業領域和寫作的技能，來增加我寫情報報告的數量。大部分的情報任務都是單打獨鬥——除了你和你的線民，沒有其他人。不過，當主題很明確，或有搜集更多情報的機會時，我會毫不猶豫的找一個相關主題的專家來合作，多半我收集的情報量會因此大增。既然我們所做的一切就是為了收集情報，在可能的情況下為什麼不多多利用分析員？

話雖如此，我絕不會想當一個分析員。一想到要爬梳原始情報資料、打字一整天、把情報消化整理後再完成報告——我只想快找個洞躲起來。這不是人人能做的工作，但也有人熱愛這種工作。克莉絲緹娜就是其中之一。

幸運的是，她在子女教養方面，也同樣是個戰力加乘器。她帶給孩子們最關鍵也最有用的技巧之一就是她的分析寫作專長。我最不想跟大寶們一起做的事，大概就是坐在桌前協助他們寫研究報告——因此我很感謝有她代勞。雖然我也知道，克莉絲緹娜整天照顧小寶們之後，有時並不想要深夜還在工作，但是她教導寫作的能力遠非我能力所及，同時我也知道，有機會複習CIA的分析技巧讓她得到了不少樂趣。

我知道克莉絲緹娜想說服你情報司有多棒，但是請記住，和《傑克萊恩》[3]的主角一樣，克莉絲緹娜待在CIA的最後三年也是轉入了地下工作。她和傑克萊恩兩人之間最大的不同，是她接受駐地任務的訓練——感謝老天！她最與眾不同、也是我最欣賞她的地方，就是她能把情報司的書本知識，和她從行動司學到的街頭智慧結合在一起。這是少見的能力。她和人們建立友誼、打好關係的能力，就和她寫出一篇精彩的情報報告一樣輕鬆寫意。事實上，她在行動司表現得如此卓越，我相信如果她繼續留在局裡，應該不會再回去情報司。我要主張，好萊塢刻意強調間諜工作驚險刺激的部分，事實上是對的——在祕密行動中得到的自由和刺激，當然勝過坐在桌前寫報告大綱啊！

科技對孩子溝通能力的負面影響

開始教導寫作和簡報的具體技巧之前，讓我們先花一分鐘討論一下科技產品，以及它在今日世界對孩子的溝通帶來的改變。我們進入新時代後，孩子老早忘記、甚至根本不曾體驗過沒有網路、電子郵件、簡訊，以及不論何時、不管想觀看什麼，都可以即時打開影音串流平台的世界。為了和死黨講話而把電話線拉到廚房轉角的時代老早就過了。或者，打電話到你朋友家，卻是她父母接電話，讓你不得不問：「哈囉，珍妮在家嗎？」的日子也早已不復存在。我們的孩子不可能有這種經驗。他不需要應付固定式電話不方便和缺乏隱私的問題，甚至往往連電話的對話都沒有，因為簡訊已經取代電話，成了許多年輕人生活中的主要溝通形式。不過，這對他的溝通能力代表的意義是什麼？對整體的社交技能有什麼影響？

3 譯注：《傑克萊恩》（*Jack Ryan*）是二〇一八年開播的美國電視影集。這部政治驚悚劇以CIA分析員傑克萊恩為主人公。

傳訊息對小孩或大人來說都是神奇且便利的選項。不過，也伴隨著一些缺點，對小孩子更是如此。從實用的觀點來看，不妨想想它對孩子寫作能力的影響。如果他使用簡單的句子，還有自動完成（autocomplete）功能完成字串和校正拼音，長期而言，他真的有辦法學會正確的文法和標點符號嗎？

人們可能很滿意傳訊息和他人分享資訊，比起電話更快、更方便，但是這可能導致孩子們使用不當用詞或是太快信任別人。除此之外，躲在螢幕後面，人們的語氣可能變得比面對面或是電話通話時更殘酷——透過簡訊或是網路產生霸凌現象，可能是為人父母者需要擔心的問題（在第十二章會有更多的討論）。

另一個讓人擔心的問題是，簡訊無法提供語氣的線索，容易導致誤解和溝通不良。孩子也借助科技，來處理與某人分手這類尷尬或是不愉快的話題。波士頓的一所中學，在波士頓公衛局舉辦的社交禮儀研討會期間發送「面對它，不要靠臉書」（Face It. Don't Facebook It.）的別針，鼓勵孩子能當面直接處理這些事情，而不是透過簡訊或社群媒體的中介。這些是我們希望孩子具備的技能。我們希望他有能力和他人溝通，即便是困難棘手的問題——因為，我們終究得承認，人生可能本來就困難而棘手。如果他只想透過電子裝置自在溝通，如何建立成功的人際關係？

更重要的是，過度依賴簡訊和即時通訊，而不使用電話或面對面講話，幾乎必然會影響到孩子與他人溝通的能力。這些工具如此容易，而且如此普遍，讓人覺得這是常態。它如此「正常」，一些企業甚至要聘用顧問，來協助千禧世代如何順利打電話——各位，這已經成了問題，我們的孩子需要知道如何講電話，他必須學習自在且有自信的打電話給別人。拜科技之賜，孩子從小就脫離了每天日常的面對面互動。

舉例來說，有天麗娜的朋友到家裡來，我發現她們在外面運動場玩足球時，各自戴了一個 AirPod 在聽音樂。我認為這沒有必要，她們在踢足球，為什麼非得聽音樂？不過，我忍住沒說話，安慰自己邊踢足球邊聽音樂應該很好玩。一個小時之後，我發現她們坐在樓下的餐桌吃零食——同樣的，她們各自聽著她們的 AirPod。她們一起坐著吃東西，卻甚至沒有正眼看著彼此。

「麗娜，把 AirPods 拿下來。你有客人來耶。」我說。

「她也戴著。我們在聽一樣的音樂啊。」她說，似乎以為我沒注意到。

「我知道，不過如果妳要朋友來家裡，你們就應該要有互動。不然，來家裡有什麼意思？如果你們只是坐在那邊聽音樂而忽視對方，或許她就不需要在這裡。」

當我看到麗娜漲紅了臉，我馬上後悔我傳達的方式太直接、甚至有點嚴厲。不過，我們正需要把握這種實際的機會，讓孩子有健康的社交互動。孩子需要在沒有科技的協助下建立相互的連結。

鼓勵你的孩子接電話，用電話和朋友聯絡、討論計畫，而不是發個訊息了事。要求他打電話問候爺爺奶奶，或是其他親人。按照我們家的規矩，當孩子打電話給某人，或是接到某人的來電時，我們會要求他們在對話過程中提三個問題，並且告訴對方三件關於自己的事。這對孩子來說是很實用的規定，因為這可以幫助他們學習如何透過聆聽和談話與人互動，給他們具體且容易達成的目標。

雖然我們無法阻擋電話留言這類溝通方式會跟電報一樣成為消失的技藝，但我們能做的，是確保孩子有機會可以成為優秀的溝通者。

✔ 教導孩子們良好寫作的關鍵原則

在說明孩子因為科技之故，在日常生活中比較沒有機會使用傳統的溝通方式之後，現在我們來討論，如何透過衍生自CIA的一些實用工具，來提升他的寫作能力。你或許會好奇，難道孩子在學校裡不能學習寫作嗎？能，也不能。有多少孩子會為了爭取好成績，而努力做該做的作業？有多少孩子根本不在乎分數，只是草草應付了事？我們希望為人父母者真正去思考的問題是：在學校裡你的孩子對於寫作練習，有多少是真正為了真實人生的需要而準備的？

大寶們在初中時學到一個特定的寫作架構，使用CD和CM這類的術語——CD指的是「具體細節」（concrete detail）、CM則是指「評論」（commentary）。這顯然是要幫助他們建立報告的大綱和結構。不過我發現，我們的孩子往往過度拘泥於老師的規定事項，對這些要求沒有真正理解，對寫作也沒有幫助。「我這樣寫CM夠不夠多？我的CD如何？」說老實話，這不是孩子們能夠吸收並在日後能應用的實用結構。它有點囉嗦而且不合乎直覺，他們根本不知道為什麼要這麼做——真的要說的話，我也是！

我最欣賞CIA教導的寫作方式之處是，它非常公式化。它把所有事情化約成由問題組成的結構，在你的研究過程中必須回答這些問題。這種作法的好處是，它可以應用在任何你要寫的東西上，不管是一篇文章、一封電子郵件、還是一場簡報。漢娜最喜歡的寫作方式是對著空白的電腦螢幕坐下來，從她自己喜歡的部分開始寫起；不過，跟其他人一樣，她會發現這個方法雖然適合寫虛構的小說，但是要寫非虛構的研究報告時會遇到問題。在著手動筆之前，最好還是先把結構和數據資料列出來。我每次都會跟孩子們強調，如果他們事先做好這些基本工作——也就是說，先做資料研究和列出大綱——實際的寫作將是最快速處理的部分。

底下是我在CIA每日例行寫作的一些技巧，在人生的各個階段，不管是在高中或大學，或是日後成年爭取工作表現，它都可以幫助你教導孩子們以有效、言之有物的的方式寫作。

一、擬定問題

「情報分析」這門技藝教導分析員一開始要擬定強有力的研究問題，同時它不應該是簡單回答是或不是的問題。你可以考慮使用「什麼」（What）和「如何」（How）這類的疑問詞。舉例來說：「X國如果爆發選後暴力衝突，會是什麼情況？」或者「COVID-19疫情會如何影響非洲經濟體？」如果你覺得自己比較缺乏創意，比較簡單的問題比如說「X發生了什麼事？」也許是好提問。你可以用這類問題為起點，嘗試理解日常生活裡的各種議題。舉例來說，在二〇二〇年秋季新學期開始之前，許多為人父母者——包括萊恩和我在內——想問的問題是：「我們學區的學校，會怎樣處理 COVID-19 疫情期間的遠距學習問題？」在開始研究之前，先建立問題，可以讓你的研究更聚焦，因而導引出一些最有用的數據。

二、列出報告大綱

我這裡並不是要講大家在學校學到的（可能你的孩子也已經學過的），用羅馬數字列出文章的各部分：

Ⅰ 引言
Ⅱ 主文段落
Ⅲ 主文段落
Ⅳ 主文段落
Ⅴ 結論

不對，我想建議的不是這個，而是更完整的研究你的問題，並且對你可能放進報告裡的資訊有好的構想之後，寫出一個更實用的大綱。這裡有六大問題或範疇，可以幫你組織任何類型的寫作報告：什麼（What）、為什麼（Why）、衝擊影響（Impact）、展望（Outlook）、可能意涵（Implication）以及機會（Opportunity）。底下我會簡要說明這個過程（不必擔心，在後面我會舉一些更明確的例子）。

- **發生了什麼事？**描述你的國家或是主題的現況。用一句話來描述「什麼事」。
- **為什麼會發生（或如何發生）？**在這裡要解釋發生「什麼事」的背後動機。有些時候，這部分的問題除了要解釋「為什麼」，可能也要說明「如何」發生的。
- **發生的事情將造成什麼衝擊？**這部分可能有點像「什麼」的問題延伸，主要差別在於它們是**已經發生**的其他案例的發展，而不只是你在「什麼」部分的提問。在短篇論文裡，這個部分有時可以被省略。
- **接下來會如何？**根據你的數據，你認為將發生什麼事？這裡是分析的部分，也被形容是「展望」的部分。你根據「什麼」和「為什麼」來進一步告訴大家這意味著什麼。為什麼讀者——以ＣＩＡ分析員而言，讀者就是美國總統——要在乎你說的事？

- **發生事情的可能意涵是什麼？**對ＣＩＡ分析員而言，這部分指的是它對美國的可能意涵。身為ＣＩＡ分析員，我很快就學到，美國的決策者不會在乎國家發生什麼事，除非它對美國或是美國公民具有特定的意義。以孩子的研究題目來說，這部分可能是對於已發生及隨後可能發生的事，針對更廣泛層面的影響所進行的分析評估。
- **存在什麼樣的機會？**在這個部分，ＣＩＡ分析員會客觀列出總統可能選擇採取或不採取的一些選項。以孩子的研究報告來說，這部分可能是要做出行動上的呼籲。如果他的主題是氣候變遷這類的題目，可以在最後的部分提出呼籲，對讀者提出一些控制氣候變遷效應的可行步驟。

如果你的孩子組織文章結構遇到困難，可以反問他要如何跟你解釋資訊。我個人認為，我的簡報技巧比寫作技巧還要好，因為我覺得我會思考如何報告資訊，對寫作也有幫助。如此一來，可以幫我擬定書面報告的結構。跟你的孩子進行討論，拿前面所列的問題來詢問他。有時候，說出腦中的想法要比寫出來容易；用上述方法學習寫作的孩子更是如此。我第一次教漢娜寫報告架構時，我們就一起針對報告的各個段落逐一討論。

三、組織資料重點，決定安排的位置

在這個部分你要尋找事實——也就是可以引述的佐證。如果研究報告裡需要引述，這就是分析收集它們的時刻。這應該很輕鬆，因為你已經做過研究並組織好段落，只要把它們放在該放的位置即可。這個步驟可以反覆進行——因為你的研究還在進行中，你可以把架構放在Word裡，在每個段落留下需要補足資訊的空間。把你找到的一些訊息複製貼上，如此持續下去。別忘了註明資料來源，免得之後又要回頭再找。

四、建立分析開頭句

所有CIA的評估報告裡，每一段都會有「分析式開頭句」，它們把這些句子稱為BLUF，也就是前面提的「結論優先」。這又涉及到因為報告是寫給大忙人看的，所以要把對方需要知道的東西放在第一行，以免他們無暇讀完整篇文章。

在學術論文裡，它們就是所謂的「主旨句」。當你列出段落大綱時，或許你已經寫好分析式開頭句，或是對它有大致的想法。不過，必須記住一件重要的事：假如你很早就寫下開頭句——尤其在議題還未做完充分研究之前——你可能會有意無意犯下「挑櫻桃謬誤」（cherry picking），也就是專挑有利於你的論點的證據。這是典型「驗證性偏誤」（confirmation bias）。所以對我而言，我發現最好的方法是把開頭句放到最後才寫，讓它反映出資料重點呈現的事實。有時人們把它稱為「倒金字塔」的結構。

以下是個虛構的例子，說明運用上述結構寫作方式的開頭句可能長這個樣子（為了閱讀方便起見，我在每個段落加了括號標注，在實際的研究報告裡不會這麼做）：

【什麼】伯格托邦的政府鎮壓反對派群眾，導致週末發生暴力衝突。

【為什麼】反對派勢力壯大，讓執政黨面臨威脅；民調顯示這有可能是執政黨自一九六二年上台以來，第一次面臨政權輪替。

【衝擊】該國政府對反對派人士採取恫嚇手段，並在反對派的重鎮阻擋選民登記。

【展望／可能會怎麼樣】幾乎可以確定執政黨與反對黨的緊張關係在未來幾個星期將持續惡化，雙方陣營都不會接受選舉結果，選後暴力的可能性升高。

【可能意涵】選後的暴力衝突，可能讓美國在這個區域最重要的盟友和反恐夥伴出現不穩定的局勢。

【機會】由國際觀察團體在投票所監看選舉自由度和公平性，以及國際社會迅速承認選舉結果，可賦予選舉結果正當性並降低暴力衝突的可能。

報告的第一個BLUF應該就是整篇文章的分析判斷或是主旨。有一個好辦法是，把你的「什麼」和「展望」兩段落結合起來，並把「會怎麼樣」納進來，在你的整篇論文的開頭重新組合成一句紮實的BLUF。在上面的例子裡，它可能是長這個樣子：

週末發生在伯格托邦反對派支持群眾與警方之間的暴力衝突，暗示了總統大選前的緊張局勢升高以及選後暴力的可能性。

我發現這種公式化的作法幾乎可以適用在任何類型的寫作報告上，不論是我應徵CIA之外的第一份工作時試寫的作品，或是漢娜第一篇大學程度的研究報告。鼓勵孩子們把報告的六個段落設想成回答這六個問題。如此一來，他們可以比較容易組織報告，一次處理一個段落，不至於感覺難以負荷。不要因為跟孩子一再解釋說明而覺得氣餒。舉例來說，記得我目睹漢娜在餐桌上協助麗娜寫作時為人母的驕傲時刻嗎？幾個月之後，輪到我要坐在漢娜旁邊協助她逐一修改每個段落，彷彿她從沒聽過一樣；畢竟，她還是青少年。

這裡所提的，是CIA分析員寫作方法極度簡化的速成版。光是討論這個主題我就可以輕鬆寫出一本書！我希望這部分的說明能幫助你和你的孩子，用新的方式來看待寫作架構，讓孩子較容易上手——也希望讓各位家長更容易上手，願意體會花幾個小時陪著青少年子女探討研究報告寫作的單純樂趣。

✔ 教導孩子們在任何情境下做有效溝通的關鍵原則

談到CIA的簡報技巧，大家最先想到的或許是它如何協助孩子進行公開演說或簡報。接下來我會和大家分享一些提升孩子這方面能力的策略，不過我真正要說的是，不管他們是對一個人、或是對一百個人說話，這些溝通技巧都可以幫助孩子。以下是我整理出的注意事項，過去曾分享給ＣＩＡ的新進分析員。我把這些方法稍做修改，讓同樣的技巧也能帶給孩子助益。

一、知道受眾是誰

進行任何報告時，你必定要確認、考量到你的受眾。比如，當你跟一整間的網路資安專家做報告，你大概不需要跟他們解釋網路釣魚（phishing）這類的基本術語。但當你是對一群非專業人員做說明，你又有必要提供一點基本資訊。同樣道理也適用於孩子在班上做報告或是和某人一對一的談話。在不確定的情況下，他不應該認定對方已有特定的背景知識，但也要小心不要在專家面前解釋太過粗淺的基本訊息，以免無意間冒犯對方。正因如此，孩子在準備報告時，應該對受眾背景做適度的調查。想了解受眾，某部分要注意他們肢體動作和表情所提供的線索。如果你報告的時候，發現人們在打盹或是滑手機，不要覺得氣餒。把它當成是提醒你報告要更活潑或加快速度的訊號，因為人們已經開始不耐煩了。

二、以一個路線圖做開頭和結尾

用路線圖（road map）來開始你的演說或簡報，這是一種開場的好方法。意思是，按照你將進行的順序，確切告訴受眾接下來要說的內容是什麼。舉例來說：「今天我準備向大家報告的是，有關伯格托邦近來國家警察和反對派群眾之間的暴力衝突，以及它對即將舉行的大選的影響。我會解釋該國政府為何以這種方式鎮壓反對派，以及他們過去幾個月恫嚇反對派的一些措施。最後，我會討論它代表的意涵，以及鼓勵和支持伯格托邦自由公平的選舉能為美國帶來的機會。」（請注意，這個路線圖遵循和書面報告相同的結構）。在結束簡報時，帶著觀眾回到路線圖，提醒他們你剛剛說的內容。一開始進行起來可能有點不自然，不過孩子只要練習久了，就會變得比較流暢，這有助於受眾持續關注並投入聆聽簡報。用這個方法讓孩子組織簡報的段落，有助於記住自己要報告的內容。

三、提供 B L U F（結論優先）

如我之前的建議，孩子寫報告時要「把結論擺在前面」，他做簡報時也應該這樣做。**這點很重要**。如果他的簡報因為任何原因被中途打斷，至少已把最重要的部分說完了。一旦他提出路線圖，就應該接著提供他的分析評估，也就是先說結論：

週末發生在伯格托邦反對派支持群眾與警方之間的暴力衝突，暗示了總統大選前的緊張局勢升高以及選後暴力的可能性。

四、學會進行「電梯簡報」，並經常練習

ＣＩＡ分析員準備簡報時，永遠都會計劃好完整的報告，但也要隨時準備萬一決策者的行程生變，在時間被壓縮的情況下提供電梯簡報（elevator brief）。這是原本計畫要說的內容的大幅精簡版，但是仍傳達出你的分析和最重要的資訊。你必須把簡報內容濃縮到在共搭電梯的短暫時間就可以分享給對方——也就是說短短的幾分鐘。這正是「電梯簡報」名稱的由來。我們和孩子們練習時，是透過一種名為「緊張和興奮」（Stressed and Stoked）的練習，這是我從一個民營企業經理那邊學來的。我也聽過一些它的不同稱呼，像是「玫瑰和刺」（Roses and Thorns）以及「高和低」（Highs and Lows）。練習方式是在每週的一開始，我們圍坐在餐桌上，分享一件讓他們緊張或擔心的事，以及一件令他們興奮或期待的事。這不只是

了解孩子心裡想法的好辦法，也可以了解他們引以為傲的事（他們分享的事可能帶給你驚喜）；同時也是練習電梯簡報的好機會。給每個孩子不到兩分鐘的時間跟大家分享，讓整個過程快速進行，有助他們練習清楚扼要的報告。

五、不要貶抑自己的主張

我很早就在CIA學到，你必須表現出自信的樣子，即便心裡不是那麼有自信。可能你將接下新工作的第一個星期，就被要求做重要的簡報。不管你做的是什麼，簡報開頭千萬別說：「嗨，我是克莉絲緹娜，我剛報到一個禮拜……」如果你的簡報開場就貶抑自己的可信度，整個報告的可信度都會大打折扣。CIA教導分析員，即使你才剛開始負責某個特定國家，也不要自己說出來。如果人們問你負責這個區域多久了，也要嘗試正面的說法：「我是X國的專業團隊的一員，過去五年我已經出差造訪Y區域好幾次。」與其談論自己不具備的專業和經驗，你應該談談你真正有的。身為女性，特別是年輕女子，我深刻感受到在CIA這一點特別重要。往往我向軍備買家做簡報時，對方多半是年紀較長的男性，他們臉上的表情說明了一切：他們不認為我的資歷能勝任。他們並不想聽我要說的內容。這時，你就得仰賴你的專業，同時別讓對方動搖了自己的信心。你要提供他們有分量、夠清楚、簡明扼要的簡報，證明你是合格的專家。到頭來，根本不會有你夠不夠格的問題，因為你本來就有資格。你可以教導孩子這套相同的原則。做報告的時候，就必須要有自信，既然他事先已經做了研究，就是他所談主題的專家。

六、不懂的事，不要胡猜或編造

影響報告可信度、或是影響你孩子成績最嚴重的事，莫過於胡亂猜測或編造資訊，以應付他不知道答案的問題。如果老師在報告時提問了他不知道的問題，他不應該害怕回答不知道。有一個回答的好方式是，用另一個事實來回覆：「我不清楚X，不過我確實知道Y。」在某些情況下，甚至可以回答：「我沒有答案，不過你或許可以告訴我。」這對孩子的指定作業也許沒有加分，但這是人生中重要的一課。一般而言，當你展現熱忱，主動想去尋求答案時，你的可信度會因此提升。

七、注意語氣和音調

最後，我想強調一個重點。要讓孩子注意到自己使用的一些發語詞，像是

「呃、欸、那個」，以及聲調上的變化。舉例來說，有些人往往習慣在敘述句的結尾提高音調，這會讓他講的東西聽起來像個疑問句。也有越來越多人使用泡泡音（vocal fry），也就是在句子結尾以顫音結束，這或許是因為許多名人，像是卡達夏家族（Kardashians）都用這種方式說話。我的意思並不是要你告訴孩子絕對不要用這種方式講話——他沒有必要改變自我。我要說的是，要**清楚自己講話的樣子**。如果他希望在報告時能表現出權威、有自信的樣子，每個句子聽起來都像疑問句，效果恐怕會大打折扣，也可能分散了一些聽眾的專注力。不過，當孩子和朋友出門、或是較輕鬆的場合，聲音語調應該不會造成任何問題。注意說話時的不同音調，可以讓孩子在各種場合都成為最棒的演說者。

以上雖然不是幫助孩子逃離危險地帶的花俏間諜技能，但它們可以幫助孩子在學校和任何工作上獲得成功。教導孩子使用這些工具，配合上一章學到的「我倆真有緣」的技巧，以及下一章要學到的說服技巧，你可以把孩子打造成溝通大師。

10 預埋伏筆

（用適當方式）說服他人接受你的想法

「如果你跟杭特說你想要起司蛋糕，那他一定會挑別的。」萊恩對她說：「你一定要讓他渴望起司蛋糕。把這個念頭放進他的腦子裡。」

我們正前往我的公婆家，在這週內第二次慶祝杭特的十三歲生日，這次是要和家族親戚一起慶祝。我們打算停在路上的好市多超市挑選蛋糕。杭特老早就明白表示，這次他要再點巧克力蛋糕，這讓我們的大女兒漢娜覺得很失望。杭特戴著耳機，坐在我們的Suburban休旅車後座；而我聽到萊恩跟漢娜解釋，如何運用CIA的說服和操縱手法，讓杭特最後會選擇她喜歡的起司蛋糕。

萊恩開始傳授她一些基本技巧，並鼓勵她要表現得毫不在意，讓杭特最後自然而然做出自己的結論。他和漢娜進行了幾次角色扮演，確認漢娜會強調其中幾個關鍵詞和句子——一個是「起司蛋糕」，另一個是「一杯冰牛奶」。

在我們即將到達好市多的時候，杭特拿下了他的耳機。

「好了，杭特，你想要什麼樣的蛋糕？」萊恩問。

「巧克力。」杭特自信的回答。

「噢，聽起來不錯，」漢娜說，小心翼翼的展開了她的祕密任務。「他們的蛋糕真的很棒……有時外面糖霜放太多了，不過還是很棒。」

「喔……是沒錯……有時候糖霜太多了。」我聽得出來杭特的聲音中猶疑的種子開始萌芽——這讓我有點失望，因為其實我也想要巧克力蛋糕！

「它們還有哪種蛋糕？」漢娜問杭特。杭特不確定，於是她繼續說：「應該還有天使蛋糕、蘋果派……我猜也許還有起司蛋糕……起司蛋糕加一杯冰牛奶！聽起來真不錯。」她已經把萊恩告訴她的關鍵字放進句子裡了。

接著，萊恩帶杭特到麵包區，走進最後面陳列蛋糕的位置。這裡有各式各樣的選項，包括一個巨大的海鷹造型巧克力蛋糕——這平常一定會是杭特的首選，不過這次他慢慢走到陳列起司蛋糕的冷藏區，一邊詢問萊恩爺爺奶奶家是不是有牛奶。

女兒們和我在車上等著杭特和萊恩走出好市多，朝我們的車子走來。杭特滿臉笑容，萊恩笑得更開心。

他的手裡呢？

氣死人的起司蛋糕。

播下種子

如果你要求某人背叛他們的國家來為你的國家效力，你最好祈禱自己講話有說服力。正因為如此，CIA探員在說服的藝術上需要接受密集的訓練。一開始是「我倆真有緣」，經過一段時間後，行動官和線民建立信賴關係的同時，也會在過程中鋪墊一些伏筆。正如同漢娜在杭特腦中放下了「一杯冰牛奶」這個關鍵字，行動官對線民也使用同樣手法。直到今天，杭特依舊堅定相信，那年生日時買起司蛋糕是他自己的主意。

——萊恩說——

情婦

在一次國外的外交場合裡，我和一位他國的外交人員搭上了話，之後我得知她與攸關CIA利益的知名外國領導人有著親密關係。經過幾個星期的會面和討論各種議題之後，有一次她跟我分享了她對於某個國際事件在政治上的意見。

「你這個看法很有意思，」我告訴她：「我猜華府高層會很想知道這個觀點。你會不會介意我透露給他們知道？當然，我不會提到你的名字。」這裡我試圖埋下三個種子：一、讓她知道她的觀點很重要；二、確認我分享這個資訊不會讓她不自在；三、我強調了不會提到這是她的說法。最後一點特別重要，因為它讓這位可能的線民從一開始就知道，我很努力在保護她（在第十四章會有更多關於我們如何保護線民的內容）。所有的種子都是刻意安排的，因此當雙方關係有所進展，我知道她會樂於提供機密資訊，這是她透過身為外交官以及與外國領袖有親密關係的獨門管道所取得的。當你一開始就刻意安排好關鍵字，等於是為你和你所招募的線民之間成果豐碩的情報關係奠定穩固的基礎。這位外交官後來果然能為我所用。

不過，CIA的說服術不只是預先埋下種子。更重要的是，去理解一個人的動機，也就是說，什麼可以引發他的興趣？他的弱點在哪裡？對線民展開招募行動之前的時間，稱為「開發時期」。在這段期間，行動官對於線民會進行評估認定，基本上，就是用各種任務測試來確認這個線民和他宣稱的身分吻合，同時他提供的資訊也確實無誤。除了評估情報之外，行動官也要持續評估這個人的心理狀態，對他做更進一步了解，並決定說動他接受招募的最佳方式——也就是建立與CIA的正式祕密關係。

吸收線民的一個關鍵，是去了解有什麼能鼓勵他們的動機，因為你可以用這個資訊來設計完美的招募計畫。舉例來說，有些人有意願和ＣＩＡ合作，是因為他們有財務上的困難；有些人可能出自對美國的敬意或愛國心驅使而想要分享資訊。我與行動司人員一起進行輪調期間，我曾接觸一名成功的商人，由於他位居要職，有某個下撒哈拉非洲國家和全球幾個高優先國家（high priority countries）的情報管道。在跟他進行初步接觸之前，我對他進行了完整的背景調查，並得知在他年幼時，父母親就在恐怖攻擊中喪命。當時我並不明白這個事件對他有多大的衝擊，不過我預想，恐怖事件必然對他的人生有某種程度的影響。我們定期的會面，我持續和他發展私人的友誼——多半運用我們對非洲的共通點，以及「我倆真有緣」的策略和他連結。我知道他在非洲度過的時間令他難忘，因為他的辦公室牆壁和他的脖子上都掛著當地的藝術品。在認識他的過程中，我得知恐怖攻擊不只是衝擊他的人生，甚至左右了——事實上可以說是重新改造了——他成年的人生歷程。到頭來，這成了他願意提供我情報的主要原因。

當ＣＩＡ和一名線民的關係發展到招募的關頭，這時被招募的線民應該不至於感到意外。如果一名行動官把這件工作做得漂亮，這個線民可能會說：「為什麼你過了這麼久才詢問我？早在幾個月前我就準備答應了。」會出現這種情況是基於幾個因素——其中一點是，吸收線民就和美國聯邦政府其他事情一樣，需要經過好幾個相關部門的官僚文書程序，因此效率不可能像你期待的那麼快。不過最主要的理由是，吸收線民必須是個十拿九穩的行動。你最不希望遇到的情況是你打算吸收的人拒絕了，還跟自己的政府舉報，導致你被這個國家驅逐出境——因此你必須非常確信你能說服對方。

事實上，線民的開發和招募如果做得好，行動官和線民建立的情誼可能持續數十年。CIA探員把線民交接給下一個探員後，雖然多半不會再維持聯絡，但是不少線民對於第一任探員仍抱持好印象。事實上，萊恩曾有個線民被正式招募近三十年之後，仍舊對當年吸收他的探員念念不忘。

✔等一下！……所以有多少次我「選了起司蛋糕」

見識到萊恩與漢娜在挑選杭特的生日蛋糕當天的行動，我回想起自己過去和他的對話，不禁懷疑他曾經在我腦裡播下多少種子，以至於我不知不覺中把他的想法當成我自己的主張？我原本就知道行動官講話很有說服力，但是我以為他用在我身上時我能夠察覺出來。不過我也相信，要是他做得成功，我根本察覺不出來！

我腦海列出自從我和萊恩相遇後，原本並非我的想法、但卻是我主動提出的一些提議。首先是我買給自己用的 Toyota FJ Cruiser 汽車，這方便我們剛開始約會時，可以每個週末翻山越嶺和他見面。在這之前我只開過小轎車。不過以路況和安全性而言，這是個很實用的決定，是吧？接下來是我們匆促的訂婚。我一直打算用一整年的時間準備婚禮，但是，既然你已經知道自己想跟誰結婚了，幹嘛還要等……對吧？再來，還有……哦，對了……我們的狗……

我們結婚不到一年，有天萊恩接到長年保持聯繫的犬類飼育員娜拉的電話。娜拉來自羅德西亞（現在稱作辛巴威），她還是全世界最古老的品種羅德西亞背脊犬（Rhodesian ridgeback）的飼育員。萊恩在我們訂婚時的條件之一就是，他絕對不會跟一個不同意在家裡養羅德西亞背脊犬的人結婚。養一條狗，而且是這個特殊品種的狗，是他對孩子們的承諾。我當時聳聳肩覺得沒問題——說不定我可以再說服他養一隻體型小很多、毛更蓬鬆的貴賓狗之類的寵物。我小時候養過兩隻貓，對大型犬一直有些畏懼。後來我才知道萊恩的結婚條件，而且沒有轉圜餘地。由於萊恩對孩子們始終堅守信用，那只好養羅得西亞背脊犬了——但是要晚一點。一定要等我們的孩子出世之後。這一點，萊恩同意了。

「哦，她說她幫我們準備了一隻，如果我們想要的話。」萊恩回到我們在IHOP鬆餅店的座位上神祕兮兮的說。他小心翼翼的沒有提到小狗這個關鍵字，以免燃起孩子們不切實際的期望。他知道，新婚不久就開始養狗並不在我們的計畫之內。

「呃，我們應該再等幾年，對吧？我說，我們還沒打算『那個』。」我也注意不在孩子面前提到生小孩的事，儘管孩子們眼前專心考慮的是法式吐司要選什麼口味。

「這是她手邊最後一隻。」他隔著餐桌輕聲對我說。

我知道他的意思。多年來萊恩一直希望從諾拉那邊得到一隻小狗，不過因為他在CIA長居海外的生活方式，以及他離婚前後的生活不穩定，都讓事情變得有點棘手。過去兩年來，他已經用不算太巧妙的手法對我洗腦，告訴我這個過去狩獵獅子用的名犬品種有多麼了不起。他告訴我，這是最受CIA探員喜愛的品種——這意思顯然是說我們也該有一隻。他還告訴我，這種狗可以連續跑好幾哩路，但也樂於在家閒躺，因為對牠們而言，守在主人身旁才是最重要的事。牠們只有在充分且必要的情況下才會吠叫，而且會全力保護牠們的主人和主人的所有物。最重要的是，他說牠們是家庭犬，而且喜歡小孩子。

儘管如此，我仍然半信半疑，而且對於養一隻大狗心存畏懼，牠們體型其實已經非常接近巨型犬。無論如何，這讓我開始研究牠們。我找到一些彼此衝突的資訊——有些確認了萊恩的說法，但仍有些關於羅得西亞背脊犬不守規矩的嚇人故事，加深了我的顧慮。似乎只要你的搜尋方法正確，你就可以找到任何你想找的資料。我們決定往北花四十分鐘車程到諾拉的家，讓我親身去認識這些小狗。

「我要先聲明，我通常不讓外人參觀還這麼小的狗。」諾拉說。

「謝謝你特別為我們破例。」我說。

諾拉是個不容易猜透的女子。她出生在羅德西亞的農村，不苟言笑的性格可能是源自非洲南部偏遠地區刻苦成長的經驗。她說話粗魯生硬，但對萊恩的態度則收斂許多。大概是多年來，每當有新生的狗兒就會和她通電話，萊恩已經贏得她的充分信賴。天曉得他們兩人間有什麼共同點，不過不難看出他已經把「我倆真有緣」的策略充分運用在她身上，因為她簡直就是他的大粉絲。她對我的態度，頂多只能說是冷漠，畢竟我對她喜愛的品種犬提出質疑，而且這是她的人生志業。我沒能得到她的信任應該不意外。

在我們到訪之前，她已經事先提醒不能碰觸小狗，因此你可以想像，她允許我們抱著她為我們選定的小狗時我有多驚訝。牠剛好就是我的手掌大小，我實在很難想像這麼小、這麼可愛、又這麼無助的傢伙長大後會變得兇猛、可怕——特別是諾拉說如果決定養牠，並決定讓他從八週大就開始進行訓練的話。

萊恩已經把打底的工作都做好了，現在他要做的就是播下更多的種子，讓事情變成是我主動出手。

「我必須說，諾拉**也許**會改變心意，以後還會有其他的小狗，不過這也可能是我們從她這邊得到小狗的最後機會。」那天晚上我們開車回家的路上，他對我這麼說。

「她做這一行已經好幾十年了，她很清楚自己在做什麼。」他繼續說著：「所以我們可以確定我們會得到一隻個性良好的狗。」接下來他加入了關鍵詞：「我在外地工作時，牠在家裡對你也會是很好的保護。」

「嗯嗯……」我努力的表現出一副還沒完全被說服的樣子。

「不過這是你的決定，甜心。如果你還沒準備好，那就等我們準備好了再去找找別的飼育員。」他向我保證。

他把決定權完全交到我手上。「最後機會」這個詞一直在我的耳邊迴盪。還有另一個更響亮的詞是「保護」——那段期間萊恩經常在外地出差，我不喜歡一個人待在我們的新家。還記得前面我提到要理解他人的動機嗎？他知道我擔心一個人獨居的安全問題。當時，我心裡想，我們甚至還沒考慮要懷孕生子。不過，如果我們要養一條小狗，他說的沒錯，我們應該找信譽可靠的飼育員，諾拉正是其中之一——她可能是最好的。突然之間，彷彿我們老早就意見一致，我居然找不出任何一個不同意的好理由。

毫無疑問的，萊恩是箇中高手。他懂得何時要稍微推一把，讓我開始內心動搖。他播下種子，但是要由我主動說出來。如果最後有任何差錯，我也怨不得別人，只能怪自己。當然，我知道事情未必真的如此。我可沒忘記，養狗一開始是他的主意。

但是，這主意並不算是個錯誤。

打從我把牠放在手掌中的那刻起，我就愛上了這隻狗。我給牠取名叫杜馬，在史瓦希利語是「獵豹」、在祖魯語則是「閃電」的意思。更讓我更覺得貼心的是，萊恩建議我們用史瓦希利語來訓練牠，雖然我們全家只有我會說這個語言。

「我們可以學。」某天晚上下班後，我們全家上車準備去迎接小狗時他這麼說。每個星期我都為杜馬拍照，就像驕傲的母親按月把自己的寶貝擺在標示幾個月大的積木旁拍照一樣。不過，牠很快就長到讓我抱不動。我已經從喵星人變成了汪星人，而且再也回不去了。在阿里出生前有一段時間，我把所有母性的渴望都投注在杜馬身上（這種心情往往因為撫養三個孩子而更加強烈，因為我會很清楚意識到，他們另有自己的親生媽媽）。

安靜、具保護天性，可愛的杜馬。

阿里出生時，有一段時間我無法常常陪伴杜馬；牠也注意到了。有一次牠故意溜進我的哺乳室在地毯上尿尿，把我氣壞了，不過也成功得到了我的關注。好吧！我們經歷了那個階段，在我不注意時，一歲大的阿里已經在牠身上爬來爬去，還在用吸管杯喝牛奶時把牠當成靠背。結果，顯然萊恩告訴我的一切都是對的。如果我們准許的話，杜馬會一整天在狗狗公園奔跑玩耍，但是牠也會開心坐在我的腳邊，背靠著沙發讓牠的視線可以隨時注意前門的動靜。牠很少吠——事實上，牠對人類有絕佳的判斷力，牠只對兩個人有特別的侵略性：一個是我們不大信任的鄰居；另一個是有兩項重罪前科的工人，雖然他已經洗心革面（但顯然杜馬不是那麼信任他）。總體而言，杜馬既是令人畏懼的保護者，對孩子……以及對我而言，則是充滿愛的夥伴。

令人難過的是，杜馬在三歲生日不久就因罕見的癌症突如其來的過世，我們又養了兩隻羅西亞背脊犬，所以我想你會說萊恩在我腦中播下的種子已經生根發芽了——喔，不好意思劇透一下，這些狗也是來自娜拉。事後證明，她並沒有就此結束育種的工作。如今我轉性成了羅得西亞背脊犬的忠實擁護者，這讓她感到無比驕傲；我也終於贏得了她的心。

讓人轉念的說服力為什麼是孩子們必學的實用技能？

先不談小狗和起司蛋糕。我腦袋裡其實不太能接受為什麼要教孩子用CIA探員的方法去影響別人的意見。我立刻回想到一些行動官用不太誠懇的方式拿「我倆真有緣」的招數搭訕，總讓我忍不住想大翻白眼。我一點也不希望培養出一個小行動官，油嘴滑舌的處理生活上的各種情況。讓我更不舒服的是，那一天我並不想要起司蛋糕，我想要巧克力口味的！萊恩所教導的生活技能，變成我渴望甜點的重大阻礙！

教導孩子說話有說服力，最大的顧慮在於我馬上會想到負面的方向去。比如：想像孩子會編故事，讓我們以為他們是去朋友家過夜，實際上卻是去參加沒有大人監督的深夜派對？不過，請再想一下，要是他們能不用操弄或欺騙的方式說服別人呢？更重要的是，如果他們能利用說服力做出好事呢？畢竟，萊恩說服了我領養了杜馬，為我們帶來更多的歡樂。我不禁想像，這些技能或許能幫助孩子得到他們生活上想要或需要的東西。我立刻就想到了一些例子：說服老師給你一些加分的機會，說服同學投你一票擔任學生幹部。還有，我們見到發生在麗娜身上的實際例子——她說服了教練，讓她回到球隊比賽原本的位置上。

麗娜一直很有運動天分。她具備天生的能力而且有追求進步和學習的精神，這讓她成了壘球場上有威力的狠角色。在她七年級時，另一個名叫凱特的球員，對於麗娜取代她成為游擊手感到耿耿於懷。除了學校校隊之外，麗娜也參加一支自組的社團球隊，而凱特的媽媽正是球隊教練。在社團球隊的比賽裡，凱特固定擔任游擊手，而麗娜只能被迫擔任其他守備位置——雖然在我們眼中、還有其他球員的父母眼中，都清楚知道麗娜是較佳的游擊手人選。當校隊進行練習時，在教練公正的判斷下，麗娜成了游擊手的人選。凱特這時候立刻對麗娜說了一些不友善的話，指責麗娜「偷走了她的位置」。過沒幾天，麗娜在學校聽說凱特的媽媽拿守備位置跟教練抱怨一番。當天下午的壘球賽，教練就把麗娜安排到其他的守備位置，不用猜也知道，游擊手換成了凱特。

傍晚麗娜回家時，跟我們說明她所知的經過。我差點就要馬上寫電子郵件跟教練抗議。我非常生氣。為了安撫一個愛抱怨、態度強勢的家長，他們竟敢拿走麗娜憑實力贏來的位置？不過，萊恩倒是深吸了一口氣，然後採取他一貫的作法。

「麗娜，我要你這麼做。明天早上，我要你一到學校後盡快找你們的教練談談。」麗娜的教練剛好也是她的說話課老師，所以萊恩開始教導麗娜，要如何說服教練換回她的守備位置，而且完全不需提到有關凱特媽媽打電話的這件事，或是凱特對她不友善的態度。

「那我要跟教練說什麼？」麗娜問。

「你告訴他，你多麼努力練習這個位置。你告訴他，你相信自己是這個位置的最適合人選。然後你客氣的請他把位置換回來，這是憑你本身的實力和身手。你不需要提到任何跟凱特有關的事。教練會理解。當你說自己是最適合的人選，他也無從否認。我知道你的教練，我也知道他會懂。不過，任何人遇到直升機媽媽都會有點顧忌，所以我也理解教練為什麼會這樣做。不過，到頭來他會知道，正確的作法就是把守備位置交給最努力練習、最有資格的人，那個人就是你。你辦得到，麗娜。」

「好吧，我會照這樣做。」她很有自信的說。接著，萊恩用過去幫孩子應付各種情境時的角色扮演為麗娜練習。在演練結束後，他確認麗娜明天會去找教練談話，儘管這種事可能讓她有點不自在。

「答應我，你會自己去跟教練說？」萊恩問她。

「我答應你。」麗娜說。

我們知道，只要我們稍加指點和準備，麗娜就能憑藉本身實力說服教練，不需要我們指名道姓顯得自己愛計較。更重要的是，它不是父母直接的干涉行為。當她說「我答應你」，我們就確定她會遵照說好的計畫執行。（第十四章中，你會學到更多在我們家中對於承諾的態度。）

✔ 幫助孩子準備面對人生

說服術不只是你的孩子現在就可以使用的技能，這個技能還能讓他變得更成熟，在工作上和生活上充分發揮能力，無論是升遷，或是贏得情人的心。比如說，想想看自己在工作場合中有多少次必須發揮說服力？或許你需要幫你的工作團隊建立共識；或者你不同意別人的觀點，希望提供大家另類的思維。這時候，知道如何巧妙且委婉的說服別人就非常重要，特別是在男性主導場域裡的女性——這是我在離開CIA後，在一家大型科技公司上班的心得。

我在這家大型科技公司的資安部門工作期間，我在洗手間遇見其他女性的次數用一隻手就數得完。我說的是整整兩年的期間！在此同時，男士的洗手間總是大排長龍。這彷彿是活在另一個宇宙，男士們終於學到排隊上廁所是什麼滋味。

「你來這裡已經一個月了，看起來你不怎麼開心？」有天，經理和我走回他的辦公室時這麼跟我說。我們剛開完小組會議，會議中我對我的男性組員的處理方式發生有點激烈的爭論，但我認為純粹是專業上的討論。

「為什麼你會這麼說？」我問他，不大確定他這句話的意思。

「因為剛才妳很激動，而且很有侵略性。」他說。

「因為我有不同意見？好吧，我想你可以說我反應強烈，不過我不認為我比約翰更有侵略性。」我盡可能以就事論事的口氣跟他說，不然再來他就要說我「情緒化」了。我懷疑他是否會用「激動」或是「有侵略性」這類語詞來形容辦公室裡有企圖心、有能力的男性，但是身為科技業裡的女性，我一開始就處於不利的位置。這也代表我之後得更加努力運用我的說服力。我可不能用像男士們一樣的方式，進行有侵略性的辯論。

過去在CIA，我已習慣了進行熱烈的分析式辯論，對象不分男女，而且幸運的是，在那裡，性別不平等從未成為問題。但在這場會議裡，我完全仰賴我的分析專業實屬不智，我開始明白，我要運用的不只是分析能力，同時也要用到我在行動司期間的所學。我每次參加會議除了要準備我的數據重點，同時還需要一套能讓人信服的說法和說話態度。我必須掌控場面。

當然我們也可以討論這樣的職場環境是否正確？**它當然不對**。或者討論一下這個環境是否不健康？**當然不健康**。不過重點是，我明白在這個沙豬的職場文化裡，我仍可以運用說服技巧，把我想說的訊息傳達出去。在接下來的幾個月，我花了更多時間跟絕大多數是男性的新同事們建立互信關係，特別是那位和我有過爭執的同事，我運用的是在ＣＩＡ所學到的「我倆真有緣」策略，找出各種彼此的連結，從他住家工匠風格的裝修、到他養的大型品種狗。隨著我和他培養關係的時間越久，我開始在他腦中播下關於修改企畫案的一些想法。不令人意外，之後的會議少了緊張的氣氛，而且我敢說，會議也變得更有成果。這套說服的技巧奏效了。既然如此，我們為什麼不幫孩子培養這套技能，協助打造他們未來職場上的成功？

教導孩子們正向說服力的關鍵原則

有件重要的事你必須了解，讓孩子說服他人接受自己的想法，這種能力並不是單獨出現的，這套能力會建立在其他諸如「我倆真有緣」這類ＣＩＡ技巧之上。你的孩子必須先學會從共同的興趣打造出友善關係之後，才有機會試著去影響他人的想法。以下是幾個關鍵要點，可以幫助孩子變得像全世界最優秀的間諜一樣能言善道：

一、陪孩子做角色扮演

就像萊恩和麗娜為了和教練對談進行角色扮演一樣，你也可以和孩子做同樣的練習。告訴你的孩子講話怎麼有說服力是一回事，把這套說法真正執行起來又是另一回事。孩子一開始或許會覺得不自在或是很蠢，（可能你自己也是！）但是多練習幾次，對你或孩子們來說就會變得越自然。此外，和前面我們討論過的所有練習一樣，盡可能讓這個活動好玩又有趣。

二、讓孩子在安全的空間練習

以有趣、安全的方式讓孩子有機會在家練習說服技巧，如此一來他可以體會到成功或失敗是什麼樣子。你可以一起討論他的錯誤，它馬上可以成為所有孩子共同學習的教訓。舉例來說，起司蛋糕事件成了我們家津津樂道的故事，不只是因為杭特依然認定這是他的主意，同時也因為它對三位大寶們都是一次教訓——不管對進行說服的漢娜、被說動的杭特、或是在一旁觀看的麗娜。在旁觀察有助於讓孩子學會如何看出別人正試圖對自己進行遊說，這一點對他要說動別人也是同等重要。

三、讓孩子在實際生活中獨力運用

當孩子受到不公正的對待時，我們往往試圖從中介入，不過在此之前，你應該先退一步，考慮一下這是否是個好機會，讓孩子可以練習說服的技巧。比如說，當麗娜失去了她在壘球隊裡的守備位置，我們把它當成是讓她嘗試影響教練站回她這邊的機會。當然，如果是嚴重的問題，我們一定會介入；不過大部分時候，孩子有自己解決問題的充分能力，就像麗娜的例子一樣。

你的孩子和你練習越多次，他的說服能力就會越好。當你的孩子熟習這套技能，就放由他去大顯身手了。唯一需要確認的是，你導引他運用這個能力是為了達成好的目的。

11

考慮線索來源

檢查收集到的（且善加選擇）資訊

「誰把巧克力甜甜圈吃掉了?!」我問，一邊注意自己要克制脾氣。我和萊恩這時已經結婚快兩年了，全家人都知道我只吃巧克力口味的甜甜圈，其他人則是吃糖霜原味。我得承認，在將近十年沒有和室友合住之後，要和三個小孩共住一個屋簷下有時對我是場考驗。或許聽來有點蠢，不過和別人分享食物，對我而言過去一直是（現在仍是）最惱人的事。特別是懷孕的時候，就像我當時的情況。

「不是我！」漢娜快速的回答。身為大寶當中最守規矩的老大，對於與她無涉的指控，她總是會立刻否認。這是好個性，而且更棒的是，萬一事情真的是她做的，會變得很明顯無法掩飾。

「我不知道。」杭特聳肩說。

「我沒有吃。」麗娜說。

「聽好，我知道你們其中一個沒有說實話。我一定會找出是誰吃的，所以最好你現在就告訴我。」萊恩說，語氣平靜但是堅定。

在幾番催促之後，杭特終於鬆口了。

「好吧，是我。抱歉，老爸。」他說。

在此同時，萊恩和我不得不注意到麗娜在整個談話過程中都不發一語。萊恩把她帶到旁邊再問了一次。

「你也有份，對不對？」他問。

「對。」她眼睛盯著地板說。

萊恩有非凡的能力，能看出大寶們什麼時候在說謊，他讓他們坦言不諱的能力也同樣驚人。

「吃掉不屬於你的甜甜圈雖然很不應該，但還不至於讓你惹上麻煩；但如果你不說實話，你就有麻煩了。還有，麗娜，你竟然準備讓哥哥幫你揹黑鍋！」原來，杭特吃了一小塊的甜甜圈，但是麗娜在杭特不知情的狀況下，隨後把整個甜甜圈都吃掉了。在杭特認錯之後，她覺得正好可以讓他去承擔所有的罪責。畢竟，既然有人出來扛了，自己何必再出面認錯？

這件事後來被稱為「二〇一六年之大甜甜圈事件」，到現在我們只要一提起麗娜讓杭特一個人攬下罪責都還會大笑。不過它對大寶們確實是一次重要的教訓。我們向孩子們解釋，問題並不在於甜甜圈。**問題絕對不是甜甜圈。**好吧，這不完全是實話，因為我也好想要那個巧克力甜甜圈。但是說真的，重要的是要了解每個故事都有很多的面向——同時，也不是每個人都永遠實話實說。它會有杭特的版本、麗娜的版本，還有實際發生的版本。

✔ 當輸贏的代價不只是一個甜甜圈

我承認，一旦肚子餓到發飆時，我會變成怪獸媽媽。不過比起在CIA輸贏的代價，當然比媽咪的巧克力甜甜圈被吃掉高得多。事實上，正確的篩選和查證資訊，有可能就是生與死的差別。行動官篩選、過濾線民，以確保他們的情報確實無誤，分析員在此過程也扮演重要角色，他們會從多方來源查證一份情報報告，並透過各種分析技巧來評估資訊，做出判斷。身為分析員，我每天爬梳數百份的報告，並且對它們的可信度做出判斷。行動官也會在每份報告上對資料的可信度進行評斷，不過身為一個分析員和個別領域專家，我很清楚思考模式和偏見對報告可能造成的影響。

同樣重要的是，分析員知道如何客觀評估數據和證據，不讓自己的心態和偏見影響了分析。我所受過的訓練，讓我透過一些數據的分析練習，了解自己在評估資訊時自身的偏見。分析員在檢視所有情報之後，他們會對某個議題或主題做出所謂的「分析句」，這個分析句就成了CIA的分析評估。接著，他們把分析評估交給總統和其他決策者，讓他們在資訊充分的情況下做出決定。這些評估必須客觀，當然，它並不算是政策指示，不過美國政府的政策決定——像是美國需提供某國軍事協助，或是從動亂地區撤離美國人員——往往根據它來擬定，因此情報的正確與否至關重要。

當你要說服線民加入祕密情報工作時，了解他的動機是件重要的事。同樣重要的是，在他們加入後持續對他們的加入動機作評估，並了解這些動機會如何影響他們的決定。舉例來說，如果一個線民是出於財務上的動機，他交換情報是因為需要錢，那麼萬一他獲取情報的管道枯竭時，他會怎麼做呢？你們之間的關係是否夠好，讓他可以放心的告訴妳，他沒有別的情報可以提供了？你對他的性格是否具充分的評估，知道他有無可能編造資訊？萬一真的發生這種事，你要如何得知？

萊恩和我結婚之前，我們曾有個機會共同處理一個案件。行動官一般而言都是單獨行動，不過嚴格說來，我仍然是分析員和領域專家——儘管被指派的是田野調查的任務。因此當萊恩吸收了一位掌握某非洲領導人情報的線民時，自然需要我來輔助以達成相乘效果。

我們的線民定期往返於與美國有利害關係的下撒哈拉非洲國家，他還宣稱有該國總理的情報管道。在此之前，我們一直沒能從他身上得到具體的情報，因此當他說他正準備前往非洲，而且和這位領導人會有一次私人會晤，我們開始變得急切。我們提供資金，讓他購買禮物贈送給這位總理以表示善意。我們唯一的要求是，在他買了符合當地風俗的合適禮物之後，必須提供我們收據。

幾個星期後，我與他見面聽取行程的簡報。我問他最後決定買什麼送總理。

「一雙鞋子。」他說。

「噢，真的嗎，一雙鞋子？你怎麼知道他的鞋子尺寸？」我問。

「十號。在我們國家，每個男人都穿十號鞋。我穿十號鞋，我的孿生兄弟穿十號鞋，大家都穿十號鞋！」他如此宣稱。

「噢，我懂了。」我說，試圖掩飾我的懷疑。他的孿生兄弟當然跟他穿同樣大的鞋子了。但是每個人都這樣？太可疑了。他不會真的以為我是傻瓜吧？

等我回到辦公室，我向萊恩說這件事——他和另一位線民有約，所以這次是我單獨行動。

「噢，我的老天。」萊恩忍住笑意說：「這是我聽過最荒謬的事。鞋子是買給自己穿的吧。」

「天啊，你說得對。」我說。

對這個線民來說，他一個人離鄉背井到另一個國家尋找出人頭地的機會，回國時自然想打扮得體面風光。如果他把這個想法告訴我們，我們或許會拿錢供他買自己需要的鞋子。然而，他對我們隱匿了這個消息，讓他的可信度也因此打了折扣。隨著萊恩的進一步調查，我們發現他欺騙我們的事情還不只是鞋子而已。到最後，我們判定這個線民有品格問題，無法信任他會提供我們準確可靠的資訊，於是終止了和他的情報關係。即使是祕密關係結束，CIA探員也會遵循「三個F」的原則：堅定（firm）、終結（final）和友善（friendly）。堅定，讓這個線民知道情報員的心意已決，不可能再被說動；終結，是因為我們要清楚表明雙方合作關係已經結束；友善，是因為我們永遠也不知道，萬一有可能的話，何時我們會需要再跟他接觸。

幸好，我們的線民扯的謊並非攸關生死的大事。不過有些時候情況非同小可。就拿二〇〇九年發生在阿富汗克斯特的爆炸事件為例，一名CIA線民在十二月三十日到查普曼軍營做簡報，在他下車時引爆了炸彈背心，炸死七名CIA探員。事後發現，這個滲透到蓋達組織高層的CIA重要線民，實際上是個三面間諜，他到軍營的目的，就是要盡可能造成CIA人員的最大傷亡。

—萊恩說—

說謊家

曾經有個線民跟我接觸，他自稱是某個恐怖組織的細胞成員。他定期提供情報，每次提供的情報都足夠讓人感興趣，但卻從來都沒有可行性。我與這個線民合作了至少一年，隨著時間流逝，我開始感覺到他是為了錢而提供一些吹噓誇大、甚至憑空編造的訊息。我決定要透過任務測試來確認他的身分，並確認他提供的訊息是否真實無誤。我可以採行的測試方法有很多，包括測謊器、心理剖繪（psychological profiling）等。我決定要製造一些假情報來測試這個線民是否會上鉤。

在總統計劃出訪我所在的地區之前，我要求我的線民要特別注意有無對美國總統的可能威脅。我也告訴他，我們從其他個別管道收到的情報顯示，有一個非常明確的聯合攻擊行動會使用直升機發動恐怖攻擊——這是我事先捏造的假情報，目的是要測試這個線民情報的真實性，雖然我跟線民說的內容煞有其事，不過我所說的威脅全非事實。我已經決定，如果這個線民在下次碰面時提到這個虛構威脅的相關情報，我未來幾個月就要慢慢終止與他的祕密關係。如果再次碰頭時他說他完全沒有聽到相關訊息，那就表示他通過了這次的任務測試，我可以繼續和他合作。令人遺憾的是，在下一次的會面，他提供了這個特定的直升機攻擊的大量資訊，而且和過去一樣，它的情報內容相當有意思，但完全沒有可能性。我的懷疑得到了證實：他是個說謊家。

知道該相信誰、要相信什麼

就像線民可能會說謊、編造情報、或扭曲資訊，我們可以預期孩子在日常生活裡也會遭遇類似情況，消息來源包括熟人、朋友、甚至老師。二〇一六年的「大甜甜圈事件」讓我們知道，孩子們自己也可能編故事。重要的是，我們要和孩子討論如何評估證據，把心態和偏見也考量進去。孩子必須了解，每個人都會帶著自己的偏見去面對某個情況，學習了解背後的動機有助於我們理解對方的世界觀。其中一個方法是，教導孩子運用我們前面所提的「我倆真有緣」策略。孩子如果能利用對方的喜好和參考框架來和他人產生連結，將有助於孩子理解他人的觀點。

我們希望孩子擁有開放的心態，願意理解多種不同的觀點。為了幫他做到這一點，我們建議大家鼓勵孩子在判定事件的真相之前，先聽取同一事件的多方說法。這意思是，如果朋友之間出現衝突，我們希望他在聽取雙方的版本之前，不要先急著選邊站。他也應該盡可能去聽取事件發生源頭的說法，明白所謂的「傳話遊戲」並不只是一場遊戲。當資訊經過多人的轉述之後，它的內容往往在傳話過程中出現變化，他所聽到的一切未必都是真的。事實上，CIA把非正式管道取得的情報稱之為RUMINT，也就是「謠傳情報」（rumor intelligence）。這類情報是由情報人員自己來判定該不該相信合作夥伴所提供的說法。

同樣的，我們也希望孩子能學會做這些判斷。杭特經歷過類似經驗，他的一個朋友被指控傳送無禮的訊息給另一個同學，不過杭特並沒有相信這些同學的說法，而是找到消息源頭的同學並直接問她。在他聽過她的說明版本之後，他可以根據各方資訊自己判定到底誰說的是真話。此外，杭特也了解他朋友的性格，知道這個指控不符合他多年來所認識的這個朋友。這並不是說，人們絕不會做出不符合自己行事風格的事——因為這是難免出現的情況——而是杭特把它當成了眾多證據中的資料之一。綜合所有資訊之後，他做出對真相的判斷。事後證明，正如杭特所做的判斷，她並沒有傳送那些訊息，事後其他人驚訝的發現他們誤信了謠言，杭特則慶幸自己從源頭點找出了更多的資訊。有時候，孩子的朋友如果真的做出他不應該做的、令人失望的作為，那情況可能會更棘手。不過重點在於，我們應該教導孩子盡可能保持客觀，讓真憑實據來幫他們做出判斷。一個人的個性可以提供我們判斷的資料，但孩子不應該光憑對方的為人，而矇蔽了自己的判斷或是或忽略了其他同樣重要的佐證。

孩子在搜集更多資訊的同時，除了提醒他保持客觀之外，同樣重要的是要教導他樂於改變想法。我們不希望他在大量不同意見的證據出現時，仍舊一味堅持己見。他必須接受新的證據，作出合理的結論，即使這意味著必須改變自己的看法，或是放棄原本強力支持的論點。他未必是從相互衝突的資訊中得知自己原本的觀點不正確——事實上，有可能孩子接觸到的只是彼此不一樣的觀點，在這類情況下，我們希望孩子樂於嘗試新事物，並理解他原本的觀點並非唯一的觀點。

最好的例子，或許就是我理解萊恩育兒方式的這段過程。有好幾次，我對他的方法完全無法認同，剛開始有一些作法實在讓我猶豫再三。畢竟，我們兩人的出身讓我們對養兒育女有截然不同的觀點——他出身美國濱太平洋的西北部，較具有冒險精神，喜歡探索戶外，而且照顧三個子女已經有近十年的實際經驗；我則是沒有育兒經驗的中西部女孩，除了一成不變的郊區童年時期之外。不過，透過我和萊恩共同建立的信賴關係，讓我可以敞開心胸多加思考，理解他教導子女的方式和我設想的或許不同，但不必然就是錯的。經過長時間的觀察，我發現他的方式不只是與眾不同，而且許多狀況下還會更好！這從大寶們身上就可得到印證。如果我猜得沒錯，這很可能是萊恩在我不知情的情況下，在我身上運用了「我倆真有緣」策略的另一個例子！在我們之間建立了穩固的關係之後，他可以考量我的成長背景、價值觀和興趣，用容易產生共鳴的方式，跟我解釋他各種育兒方法背後的思考邏輯。

同樣的，我們希望孩子也能了解，做事情可以有不一樣的、而且可能更好的方法。阿里三歲的時候，他從美國公共電視台《丹尼爾老虎的鄰居》（*Daniel Tiger's Neighborhood*）卡通影集就學到「人們做事方法各有不同」。他和大部分的幼兒一樣，經常用單純字面上的意思來看待這個世界，所以他很快就接受了這個概念。即便是我跟他說他的鞋子穿反了，他也會回答：「媽咪，人們喜歡有不同的方式！」他拿丹尼爾老虎裡頭的故事來為自己選擇的東西做辯護——即使客觀看來是錯誤的方式。在此同時，我經常聽他用貼心的方式描述他妹妹的作為，比如他會說：「噢，琪琪的帽子戴反了。這沒問題，媽咪。人們喜歡不一樣的事。」這正是我希望聽到他說的話。

不過，在此過程中，小孩子——有時甚至包括大人——可能誤解了不同觀點同時存在的意思。事實上，許多人寧願把鞋子穿反，只為了證明自己是對的。但我們希望我們的孩子，在得到不同的資訊後，能夠學會改變想法，卻也不希望他害怕承認自己對某件事看法是錯的。最好的教導方法之一，是幫孩子打造榜樣。你是否曾經因為找出更好的方法，而改變對件某事慣常的作法？它也許只是簡單的小事，像是你削蘋果的方式——那就大方分享你的改變。你是否曾以為某件事是真的，直到做了更多的研究後才發現事實正好相反？那就把它當成例子來教導孩子。父母自己也能承認錯誤，是為孩子上的重要一課，因為有一天他將會親身體會，大人未必什麼事都懂。

大人的話是可以被質疑的

前面提過，我們希望孩子在緊急狀態下，能質疑權威人士的說法。同樣的，在日常的一般情境裡，他也不應該忌諱對站在權威立場的人提出疑問。這並不是說要在教室裡，直接質問或批評老師教的東西，或其他類似的極端例子。我的意思是，他不該把老師、宗教領袖、教練、或甚至自己父母的話都當成真理。老師或領袖人物可能只是分享意見，或是提供某件事的個人詮釋。有時候，他也許不明白這只是個人意見，卻把它當成真理。

舉例來說，大寶之一在課堂中學到美國移民問題，老師毫不掩飾的發表對這個議題的個人看法。幸好，我們的孩子能分辨事實和意見的差異，但是很多情況並非如此。有時個人意見暗藏於事實中，許多孩子會把老師說的話都當成聖旨。但是，不管任何理由，只要他覺得老師說的不對或不是事實，就應該試著尋找更多的資訊。我們希望孩子能夠運用過去我們未能擁有的巨量資訊——他很容易就可以自己進行研究，查找出另類的觀點，來建構自己在充分知情後的觀點。人們可以擁有自己的主張，有時候還會隱藏自己的立場，所以重要的是讓孩子知道如何批判性的思考，檢視聽聞到的事情——同時還別忘了要保持尊重對方的態度。

同樣的，你的孩子也要了解，每個新聞來源都有它本身的政治偏見。也許某個新聞來源和你本身的政治信仰較相符，這當然沒有問題。不過，我也會建議在你介紹這個新聞來源給孩子的同時，也介紹他一些不是你喜歡或常看的新聞來源。要教導他參考多方資訊，讓他明白同一事件在不同新聞媒體上會有不同的呈現方式。有時候，你也可以切換不同的電視頻道，讓他看某個幾乎所有新聞頻道都會報導的重大突發事件，但為什麼在某些特定頻道會神祕的消失。

學習解讀肢體語言

就像我們知道那位非洲線民對鞋子的事情說謊，不光是因為全國男人都穿同一個尺寸的鞋子聽起來超不合理，同時，和肢體語言也有很大的關係。研究告訴我們，有80%的溝通是以非語言的方式進行，其中肢體語言更占了超過50%。舉例來說，人們跟你說話時如果眼睛看著旁邊，或是避免跟你有眼神的接觸，這或許是因為他們很緊張，但更可能是另有隱情。比如，我們其中一個女兒小時候有個容易露餡的習慣動作，當她說的不是實話，或是緊張，或是快要哭了的時候，她的眼睛會快速的連眨三下。事實上，每個孩子都有他們露餡時的習慣動作，所以假如我們想知道某件事是誰幹的，卻沒有人想承認的時候，萊恩就會面對面逐一詢問孩子。不必等到他們開口，我們就會知道答案。有時他們會老實承認，有時不會，但是我們從他們的臉就知道真相。

我告訴大家這件事，並不是要讓各位成了人肉測謊機，來判定自己的小孩有沒有說實話。事實上，我想建議的是，大家無需隱藏你從孩子的非語言溝通來觀察他們言行的作法。在我們的家裡，大寶們都很清楚我們會觀察他們的表情來尋找破綻。讓他們知道這件事有個好處，因為他們會更注意自己不經意從眼神或姿勢傳達出來的訊號。看到自己的兄弟姐妹們露出馬腳，對他們也有幫助。當然，這也不是要教他們學會如何不露聲色，變得更擅於說謊。不過，他們在人生旅程中的確必須了解這一點，知道自己透過非語言所溝通傳達出的訊息，有助於人際關係的建立，不管是個人的、或工作上的關係。同樣重要的是，我們會跟孩子們強調，對我們必須實話實說——即使他們犯了過錯。如果他們承認錯誤，我們會一起設法解決；如果他們不遵守規定而跟我們說謊，他們就要後果自負。

我建議大家也可以開誠布公，告訴孩子，你觀察到什麼樣的肢體語言，並找機會讓他觀察其他人的肢體語言，不管是觀察兄弟姐妹，或者是你自己在緊張時無意識會做的動作，都可以當成例子。和你的孩子公開討論這個問題，可以幫助孩子知道人們不說話就可以透露出多少訊息，當他有具體的例子可以觀察的時候，他對這些非語言訊息也就更加能夠掌握並理解。

✔ 教導孩子篩選資訊的關鍵原則

當你開始尋找方法，來教導孩子如何檢視接收自他人的資訊，並對這些資訊做批判性的思考時，底下我簡單整理幾個重點和一些練習建議，提供你和孩子嘗試：

一、和他人建立信賴關係

運用「我倆真有緣」的策略，孩子不只可以理解其他人的觀點，也可以建立真誠的連結。孩子與他人建立真誠的關係後，也創造了讓人們更容易跟他說實話的環境。除此之外，就如同我和萊恩隨著建立關係，讓我更能欣賞和學習萊恩的育兒方式，你的孩子也可能從信賴的朋友那邊學習到的不同觀點，或是運用說服技巧，讓他人接受他的觀點。鼓勵孩子和他的朋友建立密切的關係，並且向他強調信守承諾的重要性（在第十四章會有更多討論）。

二、維持客觀及改變想法的能力

你必須讓孩子有能力接受新的資訊，並知道如何挑戰自身的觀點和預設的想法。這可以透過簡單有趣的方式來練習，同時也讓孩子有機會運用前面討論過的許多原則。讓孩子選擇某件他們最喜歡的事，某個他們覺得最棒的東西——也許是個食物（巧克力蛋糕！）、地點、電影、書籍、籃球明星……任何你想到的事物。

舉例來說，他們可以主張麥可．喬登（Michael Jordan）是史上最好的籃球選手（身為一九九〇年代在芝加哥郊區渡過童年的我，當然會認定這是正確且唯一的觀點），再由另一個孩子（如果你只有一個孩子，也可以用你或你的伴侶來代替）提出另類的看法：「不，史蒂芬．柯瑞（Steph Curry）才是最棒的球員！」並試著改變他們的想法。這是個好機會讓其他孩子（或者你）可以練習「我倆真有緣」的策略，來說服別人接受他們的想法。同時，這也是讓孩子接受新的資訊，並開啟改變想法的可能性。要記住，以孩子的年紀來說，他或許想要證明自己的觀點，並把這個練習當成「輸贏」的比賽，所以你應該把重點放在接收訊息，而不是在乎他是否改變心意接受了別人的觀點。這或許是這項原則很粗淺的練習，不過你可以逐步擴展它的應用。進行類似的練習之後，可以把它當成一個示範，用來討論、解釋接受新資訊的意義何在，以及如何保持客觀立場，並樂於去調整自己的見解。

三、練習媒體識讀和其他消息來源的觀點和偏見

除了閱讀和觀看新聞報導來尋找其中有偏見的例子，你也可以利用社群媒體來教導孩子這項技能。在我成長的家庭環境中，父母親教我有兩件事絕對不要和他人討論：政治和宗教信仰。不過，在現今社群媒體被廣泛使用的情況下，我們看到人們會不時貼文分享他們對於這些議題的看法。這或許是讓你檢視自己在社群媒體上的友誼和連結的好機會——大部分朋友的貼文是否觀點和你一樣？和你觀點不同的人你會如何處理？你可以試試看能否找出多種不同的觀點。是否有朋友會貼出一些值得探討的問題，並期待進行理性的對話？這種情況或許不常見，但確實可能存在。你可以找出合適的例子，讓孩子明白對於同一個議題，人們的看法

可能天差地遠。如果找不到例子，你也可以自己發文，創造一些值得思考的話題。藉由評判各種不同想法，你的孩子會隨著生活經驗的增加，更了解自身的心態和偏見。

四、學習如何解讀非語言的溝通

除了和家人們互相練習解讀彼此的肢體語言，你也可以找機會和孩子一起觀察人們：坐在公園長椅觀察經過的路人，從他們的走路方式可以觀察到什麼？他們是否充滿自信，還是畏縮且猶豫不決？外出用餐時，你可以在餐廳裡找個視野寬廣的座位：在餐廳另一邊的兩個人在進行什麼樣的對話？他們在開心聊天嗎？是否其中一人心情愉快而另一人看起來心不在焉？你可以想像其中的故事。孩子越用心注意這些視覺上的提示，越能解讀這些表情。

不管是談政治、科學、外交、或單純學校裡的閒聊，你的孩子必須能判斷他得到的是什麼樣的資訊？是誰提供的？以及它是否與所知相符？這個重要的關鍵技能不只對身為青少年的孩子很有幫助，在他的人生各個階段都應該練習和運用。孩子也必須了解，正如他會評估別人提供的資訊，別人也同樣會對他所分享的資訊做出判斷。如果想要建立並維持與他人的關係，就必須值得令人信賴。他期待別人有什麼樣的行為，就應該自己先做到。比如說，他應當說實話，並成為朋友和家人可信任的消息來源，這要從你與孩子的關係開始。當彼此存在信賴感，你的孩子會做正確的決定並說實話；萬一他不想說實話，別忘了，父母是最會解讀他肢體語言的人。

12

漫遊科技
在網路世界注意安全

「先等一下，有個主管在敲我……她說現在就需要立刻跟我談談。」萊恩說：

「我等會兒打給你。」

「好，沒問題。」我回答，也知道他電話已經先掛了。

十分鐘之後，他又回電，我從聲音聽得出他的焦慮。

「她說要在一小時內跟我見面，說有重要的事情。她從沒這麼急著想要見我。會不會是什麼壞消息？」

「她能跟你說什麼壞消息？我想一定沒事吧。」我試著向他保證，但自己也忍不住焦慮起來。

二〇一五年，在萊恩和我結婚一年後，我們都離開了CIA。我們原本考慮繼續留在CIA，但是如此一來我們必須在海外輪調，或是回到維吉尼亞州蘭利總部，但我們兩人都不希望讓大寶們再搬一次家。他們因為萊恩的外派輪調和之後的離婚，已經換過好幾次學校，我們想盡可能提供他們穩定的生活環境。我們決定在萊恩長大的華盛頓州定居，並在這裡找尋民間企業的機會。在這個時機點，我得到了西雅圖一家科技公司的職位，我在資安部門擔任威脅情報的專案經理，建立了公司第一個內部威脅防治計畫，預防並偵測有害的內部人士竊取智慧財產和機密資料。在這裡，我也對進階持續性滲透攻擊[4]和惡意軟體進行分析。我很快就明白，對男性同事們而言，最大的威脅並不是末日攻擊，而是一個在科技方面經驗老道的成功女性。在離開ＣＩＡ近兩年之後，我從這家公司的資安部門轉到了公關部門，我總算明白公司裡的女性都到哪兒去了。我不能說她們是躲起來了，在這裡，她們不只有強烈的存在感，她們根本就像明星般耀眼。萊恩和我於是又有機會一起共事（儘管工作上並沒有很直接的關係），他離開了原本在一個國家實驗室安全顧問的職務，加入了我任職的科技公司，在一個創新而機密的事業單位負責主導全球安全問題。

萊恩接到那名主管的電話那一天，他已經擔任這個職位好幾年。不管從哪個角度來說，他的事業都非常成功，所以我很確定不會是什麼壞消息。但是一個主管會急著安排和他一對一見面，到底會是什麼重要的事？我緊張不安的等待他們究竟談得如何，那天下午稍晚他終於回我電話。

「你一定不相信，」他跟我說：「結果跟工作一點關係都沒有。她希望我對她女兒的網路使用提供建議。」

事後才知道，萊恩的上司發現自己的女兒跟一個她從未見過的陌生人在網路上有聯繫，還提供對方一些個人資料。基於這名主管的社會地位以及她職務上的保密需求，她擔心有人可能想透過她女兒來找到她。她想知道，要如何驗證這個人確實如他所宣稱只是個十來歲的少年，以及她是否需要擔心這位少年。萊恩和她進行一番詳談，並且透過社群媒體的目標分析（targeting analysis）——也就是透過社群媒體足跡篩檢對象的資訊，幫助她確認這個人的身分。這是類似於CIA接觸可能線民之前的開源調查工作。最後，他用拋棄式手機按照上司提供的號碼打電話聯絡對方，並利用熟練的誘導訊問方式確認對方的身分。隨後，他對上司如何與女兒討

4 譯注：進階持續性滲透攻擊（advanced persistent threat，簡稱APT），是指基於商業或政治動機，針對特定目標進行隱匿而持久的電腦入侵。

論這個議題提供了一些建議。他建議，帶女兒一起去吃飯，面對面的談話之後再拋出這個話題。他特別強調，最重要的是要建立並維繫與女兒的互信關係，因為她處理這個問題的方式，有可能決定了她女兒願意開誠布公的程度（不要擔心——在第十四章我會解說如何與子女建立互信關係）。這個上司知道萊恩的ＣＩＡ資歷和他的育兒專業，因此是幫助她解決問題、判定她是否該為女兒的網路交友狀況擔憂的不二人選。

科技如何改變了諜報戰

在電影中，描述情報戰往往充斥了具未來感的科技——分析員快速翻閱報告時出現自由活動的全息影像（holograms）、情報任務的實時衛星影像、還有各種脫離現實的間諜配備……雖然ＣＩＡ的確會使用一些令人印象深刻的裝備和其他形式的科技，但事實上，大部分的間諜行動是透過基本工具和人際互動進行；也就是說，沒有應用到科技工具。

還記得我們前面討論過利用地圖找出路線的重要性嗎？它不只是基於安全理

由，同時，他們也要小心避免留下科技足跡。CIA探員的許多活動可以透過他們的智慧型手機和各種全球定位系統科技來追查，基於這個理由和其他原因，他往返於任務時，往往不能攜帶個人手機，或使用GPS等科技。

如果CIA探員的活動可以透過科技追蹤，那麼想也知道線民的活動也一樣沒問題。因此，和線民進行溝通必須有創意一點，像是利用「死信」（dead drop，也就是把情報藏在某個祕密交換地點，讓線民稍後領取）、拋棄式手機、CIA實際提供給線民的祕密通訊系統，以及其他事先建立的祕密溝通和會面地點。

舉例來說，我曾經安排線民在第三國會面——也就是在我和他當時派駐地點之外的國家。行程安排是這位線民到第三國訪問的幾個星期時間，他會去協助該國的大選準備工作，由於他在大選之前擔任該國政府的顧問，因此他完全無法確定在這個繁忙的關鍵時刻，能否在週末短暫離開而不引人懷疑。我通常不會與這位線民在這個第三國見面，因此我們也未曾設置祕密的通訊系統。於是，我們同意透過他公開的臉書帳號來發送訊號。假如在我們預定會面的二十四小時內，他把臉書的照片更換成我們事先協議的照片，就代表他無法到約定的地點見面，我必須等到大選結束，他回國之後再聽取簡報。這也意味著他的情報屆時已不具太大的相關性和可行性，但這是我們必須事先設想的可能狀況，因為他的人身安全比他的情報時效性更加重要。

CIA以老派的方式進行大部分間諜工作，主要是為了避免被偵測。不過，CIA也調整了其作業方式，因應街頭的監視錄影鏡頭、臉部辨識軟體、以及社群媒體這類新工具。生物辨識技術（biometrics）這類的技術可能對行動官的行動地點造成限制，它甚至可能影響未來的私人旅行。

CIA根據過去的經驗學到，有些科技的進展在所難免，不見得一定有迴避的方法。比如像是社群媒體開始出現時，CIA的祕密探員並不允許使用個人帳號。但是，時間久了他們也發現，在社群媒體上完全沒有活動，反而才容易讓祕密探員引人注意——原本的規定正好適得其反。於是，CIA開始准許在各種社群媒體網站的私人活動，並鼓勵加強使用時的安全意識。

在所有訓練過程中，CIA探員都被教導要注意他們線上的活動，因為人們從你網路上的出現，可以掌握到許多關於你的相關訊息。CIA不允許情報員透過任何社群網站和其他祕密探員進行聯繫。事實上，CIA相關人員即使同樣具公開或祕密的身分，也不鼓勵彼此連結。它背後的考量是：如果敵國在社群媒體發現了一名CIA探員，他們會從朋友名單挖出一大堆的相關人員。不過，人們很少遵守這個原則，畢竟，當你在CIA工作，生活上你大部分的朋友也都在那裡。外國敵對勢力也可能從所謂的目標資訊（targeting information）掌握你——你喜歡、討厭的事物，你的嗜好、工作、家庭生活，諸如此類。就和我們找尋資訊來發展「我倆真有緣」的關係，像是萊恩準備在潛水俱樂部接觸他的目標一樣，我們的敵人也會在社群媒體和網站上挖掘CIA探員，甚至是美國商人的類似資訊，因為這些商界人士可能有管道接觸企業智慧產權或是其他外國政府可能感興趣的資訊。

如何處理青少年子女使用科技的問題

你的孩子應該不需要擔心外國情報部門會從網路活動來挖掘資訊（除非你也是CIA探員，或是買了《華盛頓郵報》的億萬富翁，那就絕對需要擔心），但的確有一些令人不齒的人會出於不良動機而對兒童上網的資訊感興趣。這類人很可能會尋找和你的孩子同類型的資訊，藉以和孩子連結、建立關係、甚至找出孩子的每日作息和活動內容。基於這個理由以及稍後我們會討論的其他理由，一個至關重要的事是教導孩子在網路上**貼文必須經過深思熟慮**。

我初見大寶們時他們都未滿十歲，萊恩當時也還未建立包括網路和社群媒體等科技相關的使用規範。不久之後，這些議題開始浮現——一開始是因為手機。於是，我們必須一併來處理這些問題。在我們家，由於大寶們在兩個不同的家庭中生活，我們把准許他們使用手機的年齡稍微提前。有些時間他們會住在他們生母的家，因此我們能隨時聯絡他們是很重要的。若非如此，我們可能會把准許他們使用手機的時間往後延到孩子們開始參加課外活動和自己開車的時候。我們跟孩子們強調，手機的主要目的是為了能透過電話或傳簡訊和他們聯絡；手機的 apps 是次要的，而且他們必須把家裡分配的家事做完才可以拿手機。此外，因為手機上有太多的 apps，有些內容是否適宜大有疑問，因此我們不准他們未經允許下載新的 app；他們的手機裝有下載新 app 的虛擬鎖，孩子必須把徵求同意的詢問傳到我們的手機後，經過我們同意才能解鎖。

我們的建議是，在最低限度下，父母親即使沒有做某種程度的管控，對青少年孩子使用的 apps 應該保持一定的掌握。在此同時，維持孩子獨立自主的界線如何拿捏也很重要。我們希望孩子擁有使用手機的自由，好加強他的社交技能並能維持和朋友們的連結；我們也希望透過授予孩子更多的責任，來建立親子間的互信。話雖如此，我們想幫助他成功，而不是讓他失敗，因此我們必須釐清對孩子的期待和自由。我們家除了管控孩子下載 apps 之外，對手機的使用時數也做出限制，如果他們需要更多一點時間，就必須發送請求到我們的手機來徵詢許可。

談到責任，你應該會發現，每個孩子在不同年齡層承擔的責任各自不同。重要的是你檢查每個 app，不只是確認是否符合 app 的年齡分級，同時也要考量你的孩子成熟度和負責任的程度。如果你不確定他的年齡對於發文是否適當、或能否做適當的判斷，那麼他可能就還不適合使用一些 apps。即使你現在還沒有碰上問題，但難保未來某個時刻你會不會聽到孩子跟你說：「可是，媽……」或是「可是，爸，我的每個朋友都有（這裡可以是任何一個最新、最熱門的 app 名稱），我是唯一一個沒有的。」接著甚至會使出他們的殺手鐗，像是「難道你不信任我？」

這就是你跟孩子說清楚的時候了。你當然信任他，但是你也希望幫助他成功。即使是大人，在社交媒體發文有時也會做出糟糕的決定，你希望確保他不會做出一輩子都會有不良影響的決定。比如說，想像一下這個可能的情況：未成年孩子透過簡訊傳送同年級其他孩子的裸照，收到這則簡訊的孩子再把它轉發出去，讓自己成了散發兒童色情圖片的性犯罪嫌犯。沒錯，一個中學生只因為接收和轉發非法圖片，讓自己成為有案在身的性犯罪者——這聽起來荒謬，卻非完全不可能。

事實上，許多州正在傷腦筋如何處理涉及性簡訊的案件。舉例來說，科羅拉多州最高法院就支持二〇一九年年中的一個判例，把一個未成年少年列為性犯罪者，因為他和兩位年齡相仿的少女交換了自拍裸照。基於這些理由，你有必要和你的孩子強調，在衝動時做出的壞決定，留下的紀錄可能會跟隨一輩子。

有些父母的作法是安裝某類型的監控軟體，像是 Life360 或是 mSpy。我們選擇不對大寶們這麼做，是因為我們認為，根據我們教導他們「擺脫危險因子」、安全意識、以及批判性思考等 CIA 的觀念，我們已經為他們劃好了界線，不需要靠這些軟體提供幫助。這並不是說，我對他們在外面可能發生的事，完全不會擔心或焦慮。當這些焦慮的想法出現時，我會提醒自己，儘管許多東西不在我們的掌控之內，藉由教導孩子培養安全意識和批判性思考，我可以對他們的能力更有信心一些，相信他們遇到事情會深思熟慮並保持安全。每次的情況都會有所不同，每個家庭也都有不同的關係互動，因此重點在於如何根據自身的情況做出最好的決定。不過，我還是會建議，如果你選擇安裝這些應用程式，你要開誠布公和孩子討論。最快速傷害彼此互信的行為，莫過於孩子發現你在他不知情的情況下偷偷監視他。

我和萊恩嘗試找到平衡點，一方面讓孩子使用各種我們認為合適的 apps，但是只要有理由認為它對孩子不適當，我們就會說不。這也是我們力求在設下規定和尊重獨立自主之間的平衡。我們會特別注意不要偏向其中一個極端。舉例來說，我們有些朋友不允許青少年的孩子使用任何社群媒體的 apps。沒錯——**完全不許用**。我能夠理解這背後的邏輯是因為有一就有二，容易造成滑坡效應，萊恩和我則希望給孩子機會和我們一起學習和嘗試錯誤，同時尋求我們的指引，要是全面禁止他們使用，這個目的就無法達成。

至於另一個極端，我們知道有些父母對於手機、apps、電子科技……完全沒有給孩子任何限制。你可以想像，這可能出現一些情況，讓孩子在有意或無意之間做出錯誤的決定。我們認為比較合適的方式，是針對不同孩子對各個 app 做出個別的考量。我們已經很清楚告訴大寶們，如果我們規定不可以下載某個特定的 app，並不一定表示我們不會改變心意，但是他們必須提出具有說服力的論點和有力的數據。話說回來，光是說「但是這個 app 現在好潮！」或者「除了我之外，其他人都有了」這類的說法，並不會讓我們點頭答應。相對的，我們會要求他們回答底下的問題（看過第九章，這個架構你應該會覺得眼熟）：

一、你想要什麼？

二、你為什麼想要它？

三、你會如何使用它？

四、他對你的日常生活會有什麼影響？

五、從短期和長期來看，你設想它會怎樣改變你的生活？

六、這個 app 會提供你什麼樣的機會？

如果他們能夠有禮貌而且令人信服的回答這些問題，那麼他們就可以靠說服技巧來增加一個手機 app；但如果他們只會抱怨或是講話不客氣，那就一切照舊，我們不會同意他們下載。每個家庭對手機管控的程度各有不同，app 的使用是你為小孩做出的個人決定。你要找出對你和小孩有效的處理方式。在理想狀態下，要強調的是互信，如此一來孩子在科技的使用上犯錯時，才會願意接受你的指導。我們在第十四章會討論更多關於孩子與互信的問題。

——萊恩說——

科技產品的安全使用幫助你更精明

我和克莉絲緹娜對於孩子使用數位科技採取中庸之道，有一個重要的原因是，我們在保護他們安全的同時，也希望他們能熟悉科技產品。如果我們對孩子做太多的限制，就剝奪了讓他們變得更熟練、具備更多知識的機會。舉例來說，我曾經有個線民，他是為外國領導階層工作的一名外交官員，我和局裡的一位專家，一起從總部到第三國與這位線民會面，好教導他使用我們的祕密通訊系統（convert communication system，或稱 COVCOM）——這是我們進行溝通、分享情報和計劃未來會面行程的系統。這位線民回到他的國家之後，使用這套我們細心教導他的 COVCOM 系統卻遇上一些困難。這代表我得在另一個國家和他再碰頭，同時還得帶著一名專家教他第二次。這不只是時間和資源的浪費，更不要說增加了任務的風險。

雖然未必每個人都有精通數位科技的資源和管道，不過數位科技已經成了二十一世紀生存發展的必要「語言」。幸運的是，孩子們活在無論學校或家裡都能接觸數位科技的環境，我們希望確保他們知道如何使用。因此，與其擔心他們受到不良影響或是犯錯而不讓他們接觸這些科技，我們應該教導他們如何安全使用它，這樣才能幫助他們一生變得精明又成功。

幼兒與科技

你可以賦予青少年的孩子前述脫胎自CIA的眾多技能，至於把這些概念傳授給較年幼的孩子，當然需要多一點時間。或許，你還不必擔心如何管理孩子使用社群媒體，但這並不表示較年幼的孩子日常生活中不會受到科技的影響。事實上，科技透過一些美妙的方式，可以支援並改善你做好父母親的工作。舉例來說，前面提過我產後出現焦慮症，也提到有一些幫助我的工具。當阿里還是個小嬰兒的時候，我依賴有特殊藍牙裝置的襪子，讓我從手機監看他的心跳和血氧濃度。等他稍大一些，我購買了一個GPS的追蹤器，每次出門時就把它放在他的衣服底下——這聽起來或許有點極端，不過當時琪琪才剛出生，我光想到在公園裡要應付這兩個孩子，就充滿焦慮感。阿里這時還不滿兩歲，我很怕自己會找不到他，或是他被別人帶走。在這樣的情況下，我選擇借助科技來保障他的安全，同時，老實說，也是為了讓自己能心安。

我聽說過，這類裝置就是利用父母的焦慮來賺錢，我承認這並非完全沒有道理；不過，我也發現它們非常有助於讓我心安。話雖如此，人家說一個東西太好用也可能有問題，如果你選擇使用這類的監控裝置，即使是基本的嬰兒監控器，要記得提醒自己別對它過度依賴。確認它們在必要時可發揮提醒的作用，同時給自己設定手動檢查裝置的條件。

當然，能帶來好處的東西，自然也有一些壞處，我們在這裡要討論一下平板電腦。我們先談它的好處，因為它確實優點多多：它們為幼兒提供教育遊戲，可以讓父母有機會休息，去煮晚餐，或是純粹坐下來享受三十分鐘的清淨。在我們家，就像對大寶們做的管制一樣，我們也努力監控小寶們觀看平板的時間。孩子們喜歡定時的作息，所以我嘗試著設定時間，讓他們可以期待在固定的時間觀看節目，而這個時間，通常是因為我另有事情必須去做。我讓他們了解，他們一次只能看一個節目，（有時候會更多一點！）但等節目結束，我就把它關掉。這可以讓孩子打開平板前就知道，他們看的是唯一或是最後一個節目，避免他們在節目結束後還央求繼續看下去。雖然有時他們還是會央求繼續看下去，至少我可以提醒他們，我前面老早就告訴他們這是最後一個。

這並不是說除了我累到沒精力「做個好媽媽」之外，我們永遠都會遵守規則不讓他們看太多影片。而且有時候，人生會出現突如其來的大變化。比如說，在COVID-19疫情期間，家庭、學校和工作的界線變得模糊，許多家庭——包括我們家在內——盯著螢幕看的時間遠超乎我想承認。不過，除了防疫期間我們不想讓自己發瘋之外，我們大致仍會努力遵守原則。我發現，如果使用的是平板而不是電視，一旦我的孩子掌控了平板，我就不容易把平板從他們手中拿回來，所以我把平板留在真正迫切需要的時刻，像是我必須帶著孩子陪我上醫院或是搭飛機的時候。除此之外，我會把它收起來，因為「它正在充電」。（幸好幼童搞不懂電池充電需要多久，因為這招現在再也不管用了！）

教導孩子安全使用科技的關鍵原則

不管是家有較年幼的孩子，現在才要訂定家裡科技產品的使用方式；或者是有青春期的孩子，希望對使用規範做一些調整，以下是萊恩和我認為必須和孩子強調的重要提醒：

一、不要在網路上分享過多的個人資訊，特別是分享給不認識的人

我必須大力強調，一定要教導孩子這個重要原則，以保障自己和家人在網路上的安全。在我成長的年代，聊天室才剛開始興起，我曾在一個我喜愛的龐克搖滾樂團的聊天室裡結交了一些新朋友，我們甚至在幾個月後的音樂會上實際碰面。我現在可不敢想像自己、或是允許孩子做這種事！隨著現今網路如此氾濫——也就是說，有這麼多的人上網，還有越來越多的 apps 給孩子使用，你的孩子遇上不懷好意的人們的可能性也越來越高。跟孩子說明，網路上的「鯰魚」（catfish）——也就是網路上拿別人的照片用假身分騙人——是怎麼一回事。他必須了解，如果沒有實際上跟某個人說過話，比如像網路的視訊聊天，那就不能確信對方是他們所宣

稱的身分。你的孩子也要知道，就算實際上和他們通過話，也不代表真的認識這個人。孩子仍不應該把個人生活和每日活動的細節提供給對方，同時也要小心在網路上分享照片，要全部把它設定為只有自己和朋友可以觀看。

二、小心網上獵食者使用你的資訊

除了教孩子用「我倆真有緣」來與他人打交道，別忘了也要讓他知道，有人會用同樣的策略達到不良目的。不管這個人是情報員、罪犯或是性掠奪者，他會盡可能找尋某人的資訊，藉以接近對方。如果你的孩子在網路上遇到某個人似乎對你非常了解，或是有出乎尋常的共同點，應該要想到這或許不是巧合。網上獵食者（online predator）善於運用網路，找出孩子的興趣、活動、甚至知道孩子在哪個時刻會出現在哪個地方。你和孩子討論這個話題時，可以趁機對他的安全意識做評估。簡單的說，你的目標應該是了解孩子聊天的對象是誰？他分享了什麼東西？在此同時，也要盡可能尊重他的獨立自主和隱私權。這是一個權衡取捨的問題，每個家庭對隱私和獨立的要求程度可能有所不同。

三、守護自己的未來

我們會對孩子們一再強調的是，他們網路上的貼文有永久性，而且甚至會影響他們的未來——不管是正面或負面的影響。求職徵才網站凱業必達（CareerBuilder）所做的研究顯示，70％的雇主會評估應徵者在社群網站的活動，其中過半數的雇主會根據他們在網路上的發現而決定不雇用某些求職者。我最近和一個年輕的親戚討論了這個話題，談話中我盡可能直白坦率。他年紀才二十出頭，習慣在他公開的IG帳號上張貼他用藥和飲酒的貼文。我告訴他，你也許以為自己的作法很帥，並認為以後想法也不會變，但是實際上人生往往會出現一些重大的轉變，三十歲的你不會和二十一歲的自己一樣。我告訴他，幫未來的自己一個忙，至少把自己的帳號設定為私密。這不表示就完全沒有風險，但是至少可以降低一些風險，因為你對誰能看到這些內容至少有一些掌控權。無論如何，你都應該對孩子強調，一旦在網路上張貼了某個東西並傳送給朋友，你對那個資訊就失去了掌控權。你無法知道最後它會落在誰的手上——不管你是否把帳號設定為私密。

我的意思並不是叫孩子不要在社群網站上活動，或者是他不管發什麼文都要提心吊膽。就像CIA一樣，它了解讓員工出現在社群網站比完全不出現來得好，你的孩子在社群媒體做一些適當、負責任的活動，其實有助於他未來找到工作。事實上，也有43％的雇主說，他們決定雇用某人是因為看到應徵者的社群帳號上有一些正面訊息，這些訊息印證了應徵者的專長，或是說明了他的面面俱到。

四、保護自己不被網路霸凌，並為他人仗義直言

討論到使用科技時，如今越來越頻繁出現的話題是網路霸凌。讓人遺憾的是，許多小孩子、甚至大人們都發現，躲在螢幕後面說些可怕的話要比當面說出口容易多了。事實上，大部分人做夢都沒想到，可以當著某人的面說出那些他們在網路上說的話。全美教育統計中心在二〇一七年進行的一項調查發現，美國九年級到十二年級的學生中，有15％在過去十二個月內曾經遭受霸凌。在這15％的學生裡面，有27％的人說，霸凌的經驗讓他們對自己產生了些許、甚至大量的負面效應；有19％的人說，它對學業以及與家人和朋友的關係帶來負面影響；還有14％的人說，它對身體健康造成負面衝擊。

大寶跟我們分享的經驗是，她在網路上對政治相關的發文小心翼翼，因為她見識過發生在同學身上的一些經歷。比如，有個少女張貼了她穿戴某個候選人的競選

紀念品，結果收到了上千個負評甚至包括死亡威脅。在學校校長得知這些死亡威脅之後，有傳言說校長認為這是她「自作自受」。我們的大寶認為——我們也傾向同意她的看法——從這個同學穿戴這些紀念品的脈絡背景來看，她的貼文似乎是想故意引人側目和激化對立。無論如何，這並不表示她因為這些照片就該收到死亡威脅。同時，這也不代表任何人應該因為擔心別人的看法，而對自己的政治信仰自我審查，這是我們希望孩子能理解的一次教訓。

在此同時，我們教孩子學習謹慎拿捏，一方面不要害怕在網路上發表他們對世界的看法，但同時要用明智成熟的方式表達意見。有些技巧會隨著年齡和生活經驗而成長，不過我們希望孩子在你的指引下，不至於踏出錯誤的第一步。最重要的是，談到網路霸凌的問題時，我們期待孩子理解善意的重要性，不管是他與他人在網路上的互動，或是見到他人遭受霸凌的時候。舉例來說，前面提到杭特的朋友，她被錯誤指控傳送不雅的簡訊而遭受網路霸凌。杭特不只應該從傳言的源頭點去找出真相，同時我們也把它當成重要的一課，讓他對需要關懷的人表達善意。和他經過一番討論之後，他要求我們帶他到商店買些冰淇淋和一些朋友喜歡的糖果，然後到這位朋友的家裡拜訪。她的父親在門口見了杭特，感謝他是如此好的朋友，在他女兒最困難的時刻來看他們，對他和孩子母親而言都意義重大。小小的舉手之勞，可能讓某人的生命改觀。

科技可能讓人有點棘手，但它也可以非常美妙。在孩子的成長過程裡，資訊充滿他的指間，與其擔心它給孩子帶來負面效應，我們應該幫助他得到科技帶來的好處。透過鼓勵和指導我們的孩子，讓他掌握使用科技的安全意識，等於是提供他未來需要的工具，打造成功的童年生活，以及最終成功的成年人生。

13 扛起責任

增強孩子的責任感

「你確定要給他們零用錢？」婚後我曾經這麼問萊恩。對一個新婚家庭來說，要養育三個在兩個家庭裡輪流生活的孩子，花費似乎已經夠多了——我們真的還需要給他們自己的錢嗎？畢竟我小時候從沒有拿過零用錢。我把它當成是一種特權，而且是非必要的特權。

「沒錯，他們會需要。如此他們才能學習用錢的原則和責任。」萊恩如此告訴我，後來我終於明白他的意思。那是我們第一次正式以家人身分共度聖誕節，我們去商場購物時，我看到了這些原則的實際運作。

「好了，你們有一個小時的時間可以做你們想要的聖誕節採購。」萊恩一邊說，一邊發給孩子他們的金融卡，並提醒他們可用的額度。他從銀行准許的最低年齡開始，就為孩子們開設綁定金融卡的支票帳戶，教導他們使用。不過，萊恩對大寶們有個規定，而且他會一再強調：他們只能用金融卡從提款機領錢，他們不能用金融卡買東西——這是不容侵犯的鐵律，孩子們都很清楚並且答應會遵守。不過，萊恩想用這次的聖誕購物當作示範，他告訴孩子們：「各位，我們的時間不多。直接拿你的金融卡去買東西吧……不需要去提款機領現金。」孩子們沒有多想，馬上就出發展開行動。

萊恩會站在每一家店裡或是店門外，看孩子們興奮的為彼此和其他家人購買聖誕禮物。他很清楚每個孩子的戶頭裡面有多少錢，同時準備在他們透支額度時出面阻止。他看著孩子們大肆採購，渾然不覺自己戶頭裡的存款正在快速流失。一個小時之後，孩子們重新集合。

「你們的戶頭裡還剩多少錢？」他問孩子們。

「我想我大概有四十五元。」漢娜說。

「好，我可能有四十塊錢。」杭特說。

「二十五元。」麗娜很有自信的說。

「恐怕不大對，」萊恩開始了。「漢娜，你剩下十五元。杭特，你有十一塊七毛五，至於麗娜，你剩五元。」

他們驚訝得下巴快掉下來。萊恩接著跟他們解釋，使用一張塑膠卡片買東西是多麼的容易——容易到你一不注意，錢就快速花完了。這並不是萊恩第一次跟孩子們討論這個重點，不過直到這次的實證，才真正讓他們明白這個道理。沒錯，這次的購物過程讓他們戶頭大失血，而我在那一年得到了一些非常可愛的聖誕飾品——但這個教訓他們永遠不會忘記。

權力越大，責任也越大

CIA從財務的獨立到分析的機會，都授予它們的探員非常大的責任。身為分析員，我也必須為我臨時被指派的任務開支負責，這往往代表了數千美元的帳務，因為我大部分的出差行程都是到非洲。之後，當我開始與行動司共同進行田野任務時，每個月我有一筆數千美元的循環基金，好讓我有好酒好菜招待線民以交換外國情報。我們會面都是一對一的會談，所以沒有證人可以對我所宣稱幫線民付的錢背書。我回去時，要拿所謂的「收據」交差，它基本上是一張我自己手寫的索引卡，上頭有線民的簽名。這不像電影裡那般高科技的CIA，對吧？

ＣＩＡ探員不只要負財務上的責任而已。我擔任某個最高機密的職務還不到一個星期，衣索比亞就入侵索馬利亞，意圖推翻當地的伊斯蘭法庭聯盟（ＣＩＣ）以阻止它擴張在衣索比亞中部和南部的影響力。雖然我是個新來的分析員，我已經得負責撰寫關於入侵事件的總統每日簡報。我很快學到了在ＣＩＡ工作裡最重要的部分：從上班第一天開始，它就託付你相當大的責任。

在我撰寫分析報告給總統的同時，萊恩則在田野進行祕密行動。比如說，他在那裡被交付任務，要在與線民會面的途中執行跟監偵測。他跟他的線民預定在確切時間到達會面地點——他們不能太遲，也不能太早到。他們必須兩分鐘內在窗口相會。他的責任是完成祕密會晤而不被任何人跟蹤，如果他不知道被別人跟蹤，而把跟監者帶到他們的會面地點，他的線民性命就會陷入險境。許多線民選擇和ＣＩＡ合作，往往是冒著自己和家人生命安全的極大風險。

ＣＩＡ雖然大老早就把保護線民安全這類重大的責任託付給它的探員，不過它很清楚不是隨便任何人都能託付這樣的責任。每一位踏上ＣＩＡ總部地板上的的徽標、看到它牆壁上的星星標幟的人，都接受過大量的身家背景調查和心理測試。在我們定期能取得機密類別的資訊之前，我們都受過應付各種情境的完整訓練。在這類訓練情境中，我們或許經歷多次失敗，但在不能出差錯的真實世界裡，我們必須保證萬無一失。

—萊恩說—

機密和警報器

我從一開始加入CIA，從「農場」的訓練結束、第一次執行海外任務，就體會到這份工作的責任感和獨立性。我要負責接手一位持續提供大量情報的外國政府高層官員。由於這位線民是工作站裡情報最豐富的來源，每次見面都必須小心處理並聽取簡報，當然也需要細心加以保護，因為這位線民的安全是最優先的要務。雖然我還是行動官當中的菜鳥，我已被賦予聯繫和持續推動情報業務的工作——我沒有犯錯的空間。主管多次提醒我這個線民的重要性，我也清楚一旦出錯必定代價慘重。

一天晚上，我和這個線民成功進行了任務會議之後，步行在這個城市的舊城區。我對自己的專業具有自信且安心，身上祕密攜帶著我的情報袋。這裡是我在這個城市最喜愛的地區，不只是因為風景如畫的石板街道，也因為它高低起伏和東拐西彎的街道是偵測跟監的絕佳路線。我回辦公室的路上，走到一半聽到了警報聲響。一開始它只從一個方向傳來，而且位置遙遠，我幾乎分辨不出來。不過隨著它們的聲音逐漸越來越大，很快的我聽出它們是從四面八方而來。我並不感到緊張——我知道自己並沒有被人跟蹤——但我開始好奇究竟發生了什麼事。

我轉過一條長街，走了大約一百碼，看到第一輛警車閃著警示燈朝我而來。我看了左邊的岔路，發現路口也被警車堵住了。往後瞥，也發現有警察從後面過來。這時候我開始感到有些緊張了，不過憑著訓練過的經驗，我仍保持冷靜。看起來似乎所有警車都朝著我站的地方聚集——老實說，應該不是「看起來」——他們根本就是！而且我還帶著裝滿機密資料的手提箱！

我被人跟蹤了嗎？不可能，我如此告訴自己。他們是怎麼發現我的？我遵照我的訓練成果，我一切都遵照規定的守則！那麼，到底是哪裡出錯了？在警車逐漸靠近的同時我繼續向前走。我該不該跑？但是跑了會怎樣？就算我逃脫了，他們也知道我是誰，會在我的住處等我。我唯一能做的事是：繼續向前走，假裝冷靜。感謝老天——我說感謝老天，是因為要是我真的開始奔跑，他們可能會立刻追捕我。還好，我看著他們下車，衝進我身邊的一棟建築物。我繼續向前走，一邊走一邊笑了出來，因為這些人渾然不知，他們剛經過了一個手臂底下夾著豐富情報的間諜。

如何教導孩子責任感

現在這個世界，小孩打從一出生就受到直升機父母無微不至的照料，大家要如何幫孩子培養責任感和獨立性？如果你讓孩子從小學習負責任和獨立，而不是凡事幫他張羅，他就可以學會長大後所需的技能。就像ＣＩＡ訓練它的探員時，是為他們未來真實間諜活動所需承受的巨大責任做準備，我們也希望幫孩子準備妥當，讓他對自己未來的人生做出聰明、有責任感的決定。不管要做的是財務、或是其他方面的決定，最好的作法是及早教導他，並提供容許犯錯的安全空間。你不先賦予孩子一些責任，這點就不可能辦得到，因此你可以從小處著手，再慢慢發展。

「好了，阿里，閉上眼睛。」萊恩說，三歲的阿里這時會用力瞇眼睛，伸出他的小手。閉上眼睛等待驚喜已成了他最喜歡的事，甚至他會一天問上好幾次，當我拿給他像是午餐這類平凡無奇的東西，他都要問能不能閉上眼睛。

「好了，你看！」萊恩一邊說，一邊把他親手幫他縫的小皮袋放在阿里手上。

「這是什麼？」阿里興奮的問。

「這是你自己的小錢袋。」萊恩解釋。

阿里經歷的是希斯伯格家族孩子必經的成年過渡儀式。每個大寶們都是在三歲左右拿到了他們自己的錢袋；這時候萊恩會開始介紹他們認識錢幣，讓他們自己買東西。我一直到大寶們稍微大一些後才加入這個家庭，他們已經開始應付更大面額的紙鈔和銅板，並且還會不時自己去購物。如今阿里是從頭開始學這門課，這讓我大開眼界。

阿里帶著自己的錢包並隨時知道它的位置在哪裡，現在這成了阿里的責任。錢包裡頭只有一點銅板，因此我不必擔心萬一他弄丟怎麼辦，在此同時，這也建立了阿里的自信。從這時開始，我們去商店，會給他偶爾自己去買東西的自由，跟他討論「想要」和「必要」的不同，以及根據自己錢包的硬幣衡量自己能否負擔。（這成了幼童練習算數的定期功課，是額外好處！）如今，我知道將來有一天他也會像大寶們一樣，和朋友到附近的餐飲店買一些下課後的點心，自己去買電影票，以及購買週五晚上美式足球賽小吃部的零食。至於漢娜，還包括了一些更複雜的工作，像是看醫生時繳的醫療保險共付額，以及給髮型師的美髮費和小費。

教導孩子獨立的關鍵原則

在我們家，討論財務責任心和獨立自主的概念時，也包括了與大寶們廣泛討論借貸和利息。根據西北互惠保險（Northwestern Mutual）二〇一八年規劃與進展研究，千禧世代（十八～三十四歲之間）的平均債務是三萬六千美元，而且五人之中就有一人無法在生前清償——這是普遍的現象，但並不代表你的孩子也必須如此。萊恩從大寶們有能力理解這些原則開始就與他們討論這些話題。你和孩子討論時，可以先告訴他哪些事不要做，並透過熟人的實際例子或是假想情況來說明你的論點。舉例來說，你可以與孩子討論建立良好信貸的重要性，信用良好才能夠租賃公寓、啟用手機、或是抵押貸款等。在此同時，你也可以跟孩子分享一些例子，比如某人使用信用卡購買他無法負擔的物品，他的信用卡帳單隨著複利每個月不斷累積，以至於成了越來越不可能償還債務的卡奴。

一、提供孩子運用金錢的實際體驗

讓孩子學習這些原則的最好方法，就是讓他自己直接實作。我相信大家都寧可孩子在小時候犯些錯誤，而不是等他搬出家、自己管理財務之後才犯錯。舉例來說，在大寶們較小的時候，若想在商店買某個他們無法負擔的東西，萊恩會提供他們貸款。在他們開心的同時，萊恩也會提醒他們還錢時要附上利息。

「等一下——為什麼我變成欠你十三元？」杭特會問。

「因為利息啊。」萊恩會告訴他們。

「利息是什麼？」

「你借用不屬於你的錢，並不是免費的，它會有代價。不管你跟誰借錢，是銀行或是個人，你還錢時根據時間長短要加上一定的百分比。所以你買的東西，付的錢一定會比你原本直接購買、沒有貸款的錢還要多。」他解釋。

「呃，這不公平。」

「也許吧，不過利息就是這麼回事。」

「那人們為什麼要這麼做？」

「好，你想想看……人們手邊並不一定有足夠現金支付汽車或房子這種大型購物，所以汽車貸款和房屋貸款讓他們可以先購買，以後再慢慢還。當一切成了定案，他們得付出比原本價格更多的錢。」

二、以適合他們年齡的方式說明信貸的概念

從這個話題出發，萊恩通常會討論信用卡如何成為另一種借錢的方法，並解釋它們本身的風險，因為這類型的消費很容易讓人失控。重要的是告訴孩子，只買他們買得起的物品，教導他們信用卡的目的是為了建立信用，句點。它並不是讓你去買我們下個星期或下個月領到薪水才能買的東西，我們用信用卡來支付加油這類的費用，回到家就立刻可以用戶頭裡的錢繳清。這是必要的動作，建立信用是你要申請貸款時的必要條件。

貸款，特別是學生貸款，可能是很好的選擇——萊恩和我都有申請學貸支付大學學費。不過，我們希望我們的孩子在貸款單的虛線上頭簽名時，能了解自己承擔了什麼責任，因為我知道我當初自己並不清楚。我在學校有一份「言語產生實驗室」的工作，不過，主要是出於個人和學術的興趣，並不是為了想賺錢，因為它的薪水不多。我還記得進入CIA之後，要開始償還我的學貸才有了切身的體悟。畢業之後，我利用了貸款的六個月寬限期，天真的以為它沒有其他附加的條件。我並不了解在這六個月的期間，我又累積了更多的利息要付。如果我能事先了解利息的概念，知道我必須多付多少錢，或許我會做出不一樣的決定。也許我會在大學期

間多打一些工，這樣我可以先償付一些錢，我的一些朋友就是這麼做。或許，我也不需要做改變，因為我幸運的找到CIA的工作，薪水足夠我償付貸款——但當然，事情也可能完全朝不同的方向發展。簡單來說，做任何事情最好都要睜大眼睛想清楚。所以，雖然這話題聽起來很基本，但許多父母並沒有告訴子女這個道理，這從我前面提到的驚人負債統計數字可以得到印證。

三、在外面找機會給孩子練習獨立自主

除了幫助孩子培養財務的責任感，你也應該提供機會讓他自主行動。要做到這一點，你必須**走出家裡！**經常帶孩子外出，是幫他建立獨立自主和責任感等重要生活技能的一大關鍵。做個居家的母親和孩子，或許留在家裡的確比較輕鬆，特別是像我們住在終年多雨的美國西北部太平洋沿岸。我自己設定的目標是在小寶們還是嬰兒時，每星期至少有一天要帶他們出門走走，好讓他們跟人群互動；在會講話之後，還可以學著跟人們對談。老實說，一開始是為了我自己可以跟人們互動，免得我一整天都待在家裡陪一個嬰兒——後來是一個幼童再加一個嬰兒——整個人已經快抓狂。

在琪琪尚未出生，只有阿里和我的時候，我們每星期有好幾天會外出吃午餐，還會去公園、動物園、水族館以及博物館。出門並不一定代表要花錢。也許我們有一個星期去博物館，然後下星期帶著在家準備好的午餐去一個新的公園。琪琪出生之後，我們盡可能維持既有的生活方式，當然事情會變得比較棘手。不過，對我而言，重要的是讓孩子們了解在餐廳裡要如何行為，我也相信這是讓他們學會這項技能的唯一方法，讓他們有機會在餐廳裡吃東西。對我們來說，這代表我們用餐時不給孩子們用手機或平板當消遣。相對的，他們可以畫畫或是玩一些小玩具，像是我固定會在包包裡放專門應付這種情況的塑膠恐龍，但是，**絕對不要使用手機**。我知道在餐桌上，眼睛盯著螢幕已經變得越來越尋常，所以如果你曾經或是現在仍這麼做，請不要認為我有任何批評的意思。我們難免都有難熬的時刻，只求順利度過就好，這時平板或手機提供了最好的機會——我完全承認，有時在家為了解決問題，或者母親的角色需要心理上的暫時休息，我也會使用它們。不過，如果各位做得到，我懇求大家在外面用餐時儘量不要用上它們。我覺得，平板電腦就像是打開裝滿蟲子的罐子易放難收——一旦它在場，幼童就會開始對它有期待。而且如我之前提到的，小孩有了平板在手上，就像是……他對平板有了掌控權。一旦你開了先例讓他在餐廳玩平板，可能孩子會變得難以駕馭。

上述我的建議，跟醫師和其他專家所建議的螢幕使用時間或是其他規定沒有任何關係。對我而言（萊恩也同意），重點是如果我們允許孩子——不管是他們是幼兒或青少年——在餐廳用餐時遁入自己的螢幕世界，我們就錯過了與他們互動並教導重要生活技能的機會，像是在餐廳裡的行為舉止、如何為自己點餐，或者簡單來說，就是餐桌的基本禮儀。同樣的，我們也不准許大寶們吃飯時把手機拿出來，不管我們是在餐廳或家裡。當孩子大到可以參與用餐的對話時，記得要充分利用機會與他溝通。

出門的時候，別忘了尋找讓孩子練習獨立的機會。舉例來說，我會找機會給阿里和琪琪單獨去櫃檯跟收銀員說話，像是我們需要多的餐巾紙、餐具、或是外帶，你也可以幫你的孩子找類似的機會。它可以是很簡單的小事，像是問別人洗手間在哪裡，或是出外用餐時讓他從菜單裡點自己要吃的東西——當然，是在大人的監督之下。

這一點我們曾經有慘痛的經驗。杭特在我們的婚禮晚宴彩排上給自己點了一份菲力牛排，而不是從兒童菜單裡點餐！當服務生到桌前問誰點了菲力，我們一臉茫然，最後只看到桌子另一頭八歲的杭特舉起了他的手，一臉平淡的說：「哦，是我點的！」他點了菜單上最貴的一道菜，我們卻無法對他發脾氣，因為我們很得意他能跟服務生交涉點了自己的餐——而且還點得很有水準！（如果要檢討的話，這位服務生記下他的點餐前，應該先跟他的父母親確認一下啊！）如前面討論的，在外出活動時，讓你的孩子帶自己的錢包，給他機會自己買東西，這些活動最後可以升級成帶他去商店購買自己的東西，以及一些比較不會讓你擔心的活動，像是讓他在公園的步道騎車，你只需坐在附近的長椅上守望。

孩子年齡稍大一些的情況可能有所不同。比如說，假使你和我們一樣家有青少年，你可能會送他們去電影院或是商場，或者你可以讓他們自己出門到市區。我們常常讓大寶們過自己的「西雅圖日」，他們可以在沒有父母陪同下，三個人一起去探索城市，花一個下午甚至是一整天。他們三個人在一起有好處——我們並不建議把單獨一個孩子留在一個大城市裡。如果你只有一個孩子，你可以考慮讓他和可靠的朋友一起出門，只要這個朋友的父母對於孩子的獨立程度和你有一致的看法。要確認孩子身上帶了地圖（最好的情況是他們事前已經研究好了地圖），還有可以在緊急情況時打你的手機。約定一個集合時間，然後就讓他們自由去探索城市，購物、吃東西、參觀博物館、或任何他們選擇的活動。一天下來，在你們重新會合時，跟他們討論一下這一天做了些什麼。找出他們對什麼事特別有興趣，有哪些技能他們覺得能派上用場。是否有什麼事情是他們害怕去做、或者覺得不自在的？了解這些，有助於你了解在哪些方面你需要多花時間幫他們加強，也許你下一次可以和他們一起進城，來幫助他們建立自信。這種單獨外出的練習特別重要而且有用，因為它結合了許多我建議各位要教導他們的技能，趁這個機會，你就可以讓他們練習財務的責任感、獨立自主、安全意識、路線搜尋——還有，必要時練習脫離危險因子。

當然，這些出門的機會在COVID-19疫情期間變得不大一樣，甚至暫時不能存在，每個人都必須待在家裡。事實上，在二〇二〇年初有好幾個月的時間，我們只有在購買必需品時才能出門，我們的孩子因此幾乎沒有任何機會和其他人進行實際的接觸，更別說練習他們的責任心和獨立性。經歷這場疫情，迫使我們要發揮創意，並且學習到有時候我們甚至必須在網路上找尋機會讓孩子們練習這些技能。在我們家，我們大量仰賴手機通話、視訊聊天、以及在網路上找到的說故事節目。美國太空總署（NASA）網站的太空故事時間成了我們最喜歡的節目之一——哪個小孩不想聽一個太空人跟他說故事？當社區慢慢開始重新開放，在充斥口罩和「保持社交距離」這類術語的新環境裡，每個家庭都面對如何與他人互動的新挑戰。重點在於，我們要了解環境可能隨時會變化，為人父母者要學著適應，為我們的孩子找出替代的解決方法。

四、了解你的孩子

同樣重要的是，你賦予孩子責任感和幫助他們學習獨立的同時，要記住每個孩子都是不一樣的。我們努力對每個孩子保持同樣的期待和標準，但是我們也知道，有的孩子比其他孩子更需要訂定一些規範。同時，雖然有人比較守規矩，但有時也需要幫他們適度鬆綁。簡單來說，什麼程度的責任才算合適，對每個孩子可能都不一樣。

舉例來說，雖然阿里和琪琪還小，我已經可以看出他們兩個有多大的不同。琪琪出生後，我要哄她睡覺時會另外幫阿里安排活動，他會按照我的要求，安靜的做他自己的事——別忘了，他當時還只是二十個月大的孩子。差不多兩年後，當琪琪到了這個年齡，我才發現阿里當時的表現是多麼不尋常，因為琪琪就和許多二十個月大的幼兒一樣，總是動個不停，沒辦法安靜幾分鐘做一個活動，更別提阿里在琪琪那麼大的時候，能維持安靜那麼久。阿里天生就是非常遵守規則——這點和漢娜很相像。這代表著我們有時會賦予他多一點的責任，因為我們知道，遵守規則就是比較符合他的本性。在此同時，他看待世界的看法往往非黑即白，這時候有萊恩這樣的父親，對阿里這樣的孩子就很有幫助，萊恩可以幫助他了解這個世界存在不同層次的灰色。至於琪琪，則是天生活潑的孩子，她需要事先把明確的界限和架構告訴她之後，才能把責任託付給她。

也許你已經觀察到每個孩子的差異，重點是**配合他們的個性**，了解不同孩子在同樣年齡不見得能承擔同樣的責任。每個人可能都不同：有些人從很小就充滿責任感；有些人則必須再多等一些時間，才允許他去從事某些活動。在維持公平性和孩子個別能力之間，要努力維持好平衡點。

關於培養孩子責任和獨立的這些建議，如果認為其中有些對你不太適用，可以再試試自己覺得自在的方法。如果你開始運作這些技巧卻引來別人的一些評論，也不要太過訝異。在阿里兩歲、琪琪一歲的時候，有天早上我帶他們到公園，一個女性友人也帶了跟阿里年紀一樣大的一對雙胞胎，這時有個男人從馬路上開車到停車場，他下車對著我們大叫。

「你不覺得她年紀還太小，不該讓她一個人在那裡嗎？」他用苛刻的口氣說。

看著朋友的女兒在距離我們大約三十英尺的遊戲場，我們彼此露出了困惑的眼神。

「呃，我就在這裡幫她哥哥換尿布，我覺得她應該沒問題。」我的朋友回答。

這時我們才明白，他指的是在步道另一頭騎腳踏車的小女孩，他以為那是我們的孩子。

「哦，你說她？她不是我們的女兒。我想在步道上散步的那位才是她媽媽。」我指著步道另一頭跟他說。

這名男子露出嫌惡的表情，一臉怒氣的回到他的車上。他不過是看到一個騎腳踏車的小女孩，就特地停下車來斥責她的母親，因為他認定她離開照顧孩子的距離太遠。

但是，怎樣才算是適當的距離呢？此外，怎樣才是適當的獨立和責任？問題就在這裡：**怎樣才算適當，每個人的看法都不一樣。**我們要記住，這些技能是可以隨著時間培養的。當我開始把責任和獨立的發展，看成是類似堆積木的工作之後，我也終於能理解為什麼萊恩養育大寶們的態度，遠比我一開始的態度要開放許多。開車把我的孩子送到超商旁邊，這原本是我認為完全不可能的事，而且說老實話，做這種事時會讓我有點焦慮。（也許永遠會如此！）但是這裡有個重點——這些教育方式都不是憑空亂想出來的。大寶們學習到的不只是責任感和獨立性，同時也學習到我們前面討論的一些觀念，像是如何脫離危險因子以及如何認清周遭環境。這些技能可以彼此配合，幫助你的孩子更有自信、更有安全意識、更堅強也更有韌性。

14

保護你的線民

如何使孩子信守承諾和堅持原則

「我可能這個週末要跟他『談一談』。」我們開車進城進行我們的晚餐約會時，萊恩如此說。杭特的八歲生日快到了，萊恩打算找好朋友和家人為他辦一場保齡球派對——當然我不會出現，因為當時我還沒有和孩子們見過面。

「『談一談』？」我問。他是指性教育？

「你知道，就是關於『間諜話題』。」他一派若無其事的說。

「不，我不懂。什麼『間諜話題』？」

「噢，我以為我提過了。等孩子八歲大，我就會告訴他們我是個間諜。」他彷彿認為跟一個孩子分享如此重大的祕密是再正常不過的事。

「你要跟他說?!萬一他說出去怎麼辦？」我擔心的問。

「他們不會說出去。」他很有自信的說：「我在漢娜滿八歲的時候也做過同樣的事。」

他的自信仍不足以說服我，告訴孩子他們的老爸是如假包換的間諜會是個好主意嗎？把這種重要、可能攸關生死的資訊告訴孩子們，似乎從來都不是好主意。不過，萊恩的看法不大一樣。在我質疑他的判斷的同時，我也知道畢竟他是始終把忠誠和信賴擺在最優先順位的人。我也知道對他而言，沒有別的比他的孩子更重要。所以，這是怎麼回事？

信賴的重要性

在間諜的世界裡，特別是做像萊恩這樣的工作，有件最重要的事就是要保護消息來源。這唯有透過忠誠、信賴、以及信守承諾的能力才辦得到。沒有人會為了他不能信任的人而背叛自己國家。保護消息來源的安全，是情報行動官的重責大任，寫報告時不可透露消息來源的身分，會面時更必須保障他們的人身安全。

還記得我說過，我起初不想和行動官約會，更別說結婚，因為他們之中許多人太會逢迎諂媚？他們之中有許多人相信，為了工作必須要做出迎合他人的事，像是為了工作拚命灌酒，或是帶線民去脫衣酒吧這類聲色場所。見了萊恩後，讓我對行動官大為改觀的原因之一，是因為他讓我明白，任務要成功，並不一定要這樣做。事實上，如果你**不做**這些事，反倒可以成為更**成功**的行動官。

想想看——如果你是外國政府官員，正考慮和美國政府合作，分享關於你祖國的祕密資訊，這代表了你正參與諜報任務，在許多國家這可是判處多年徒刑的罪行（如果你幸運的話），在其他一些國家甚至是死刑（如果你沒那麼幸運的話）。你難道不想知道這個與你見面、跟你分享敏感資訊的CIA探員會不會保護你的身分，擴大一點，還能保護你的家人？假設你是線民，你希望接觸的CIA探員是個陪你在酒店喝到爛醉，還是一個不受酒精或藥物影響，始終能掌控局面的人？你會比較信賴哪一個？

我不需要特別解釋。即使是符合我形容的那種逢迎諂媚的CIA探員，他們在任何情況下，也絕對不會用恐嚇威脅的方式獲取情報。一些敵對國家或許會使用這種策略，好萊塢電影裡也喜歡描繪採行這種作法的情報工作，不過，以CIA的情況來說，這完全不是事實。主要是關乎到信譽的問題。CIA希望被人們了解，它是人們想為它工作的情報單位——其他國家的情報單位未必有這樣的名聲。如果你想要從事間諜活動，難道不會選擇一個最顧慮你安危的單位？（這正好說明了，任何心智正常的人不會想叛逃到俄羅斯——啊喔，史諾登（Edward Snowden）——對不起我離題了。）

具備這類價值觀的絕不只有萊恩及少數我有幸共事的正直行動官；（當然，我沒機會認識的行動官多半也很正直！）他們是奠立CIA價值的重要基石。

「我們是好人。」我在行動司做田野任務的準備時，有人這樣跟我說。

「你認為俄羅斯從線民身上得到所有需要的情報後，還會在乎他們的死活嗎？當然不會。但是我們會，而且不計代價。」他說。他接著說了幾個關於CIA如何費盡心思來保護已退休或是認罪的線民，並確保他們得到應有補償的故事。事實上，多年來CIA負責照顧線民的故事不勝枚舉。舉例來說，有時候線民因為身分敏感，因此在為CIA工作期間領取報酬並不安全——鉅額金錢可能引發懷疑，讓他們成為被注意的對象。在這類情況下，CIA會幫他們把錢存在特別帳戶，讓他們之後或是有需要的時候再取款。如果線民過世了，CIA會追查他的家人，並確認把錢交給他最親近的家屬。在許多例子中，他們的家人甚至不知道他曾經和CIA合作。

─萊恩說─

比任何人更盡心盡力的CIA

我自己真正體會到CIA對待線民的真心誠意，是在我為我接洽的一名線民所舉辦的、一場隆重的退休派對上。他與CIA合作超過三十年，是極端老練的線民，他對許多祕密情報任務的了解，甚至比這些年來他接觸過的、包括我在內的許多新進行動官還多。和大多數線民密會不同，我和這名線民見面的情況非常特別，他因為當時已有嚴重的健康問題，所以我必須在他家和他見面。如此一來，我和這位線民、他的妻子、以及他已成年的子女都建立了很深厚的關係。事實上，在我們作完簡報會談之後，我經常還會留下來和他的家人共進晚餐，而且，直到現在我還沒遇過比他太太還會做菜的人。說老實話，他是我在CIA工作時最喜歡的線民。當這位線民要退休，我很認真的盡可能把過去曾和他接洽的相關人員找出來，並邀請他們到總部為他和他的家人舉辦特別的儀式。我們一起感謝他多年來的服務，並且以一筆豐厚的獎金表達感謝。當然，不是每個線民都有如此盛大風光的場面——不難想像他所提供的情報有多麼實用且有影響力——但是，我們對所有線民都展現忠誠並提供保護，因為就像克莉絲緹娜的教官說的，我們是好人。

與ＣＩＡ線民建立信賴與忠誠的關係是一回事——這正好是萊恩的拿手好戲——但是，你怎麼可能對八歲的孩子有這麼大的期待？我要說的是，我知道要如何跟伴侶分享你的祕密工作。事實上，ＣＩＡ的確建議員工最好把你的實際工作告訴配偶，而不是隱瞞身分。情況並非總是如此。事實上，過去行動官往往隱瞞他們的機密身分，但最後他們發現，這對婚姻的傷害恐怕多過於幫助。除此之外，ＣＩＡ知道，如果情報員的配偶完全了解間諜的工作，他們在探員需要宴請目標人物和對方的伴侶時，更能夠發揮用處。不過，萊恩把年紀還這麼小的孩子也拉進來，他的邏輯到底是什麼？

這裡就要談到他想與孩子們建立忠誠和信賴關係的終極目標，他相信，這也要從孩子還小的時候就開始。當孩子滿八歲，他知道他們了解守信用的概念，以及信賴他們不會把他的祕密告訴別人。但是，他究竟怎麼做的？什麼原因讓他如此有信心？

首先，萊恩對孩子不會常用「我保證」這句話。這句話可能常聽人們輕易說出口，但他不想這麼做。他想確認孩子們知道，當爸比說「我保證」時，代表他一定說到做到，而且每一次他這麼做，就可以更加建立起他與孩子之間的互信基礎。及早確立這個原則，可以消除孩子們的壓力，因為他們知道當媽咪和爸比說出「我保證」時，他們就是認真的。我看過大寶們要求某個東西，在聽到這神奇的三個字之後，臉上露出鬆一口氣的表情。這幫他們解除了任何擔心或疑問，因為他們知道，只要萊恩把話說出口，一切就成了定案。

說老實話，一直到我們結婚之後，我才開始真正了解這個概念對萊恩所代表的意義。「我保證」這三個字對我而言並沒有那麼大的分量，我把它當成是國中時代打勾勾做約定一樣，可以輕易拋棄。

或許是這個原因，當萊恩在婚前說他必須養一條羅德西亞脊背犬，因為「他答應了孩子」時，我並沒有太把它放在心上。

哦，他們還只是孩子而已——我自己這麼想：先點頭答應就行了。小孩子才不會在意他們的狗是什麼品種，只要是狗就行了。你可以之後再說服他養一隻貴賓狗。我當時並不了解「我保證」這句話對萊恩及大寶們所代表的意義。

我猜，這句話從當時還是單親爸爸的萊恩口中說出來，可能特別具有力量，或許對類似情況的讀者而言也是如此。他想確認大寶們知道，雖然他跟孩子的生母當初結婚時的承諾並沒能維持下去，但是他身為父親，對孩子的承諾絕對不會落空。其中一項承諾是，只要孩子們的母親答應，孩子們全部可以和他住在一起（也就是日後的我們一家人）。我們在結婚前也討論過這件事，我告訴萊恩，我當然贊同孩子和我們同住。我知道這件事對他有多麼重要。

在當時，你會覺得反正就算真的發生了，那也還是幾年後的事情。不難想像，在我們結婚幾個星期之後，杭特就得到生母允許和我們同住時，我有多麼吃驚。接下來棘手的問題來了——萊恩和我剛剛買了一棟房子，但是每星期他有幾天要在異地上班。這意思是，我這個二十九歲的新婚人妻，在萊恩回家之前，一星期有好幾天要獨力照顧十歲大的繼子。

說實話，我事前並沒有料到這樣的情況。我一度心裡期待著萊恩會收回他的承諾。我一個人要怎麼照顧新來的繼子？我不知道怎麼給自己煮飯，更別說幫孩子煮飯。我在還沒有太多準備的情況下就成了全職繼母！不過，如今身為經驗較老道的母親，我了解到人生有時就是如此，它並不總是按照我們的規畫方向進行。眼前的例子是，兩年之後、在阿里剛剛出世之後，漢娜和麗娜也搬過來與我們同住。萊恩覺得，他終於把所有親愛的家人都聚在一起，而我們也終於可以像一家人一樣一起成長。有時候，成長的過程也包括一些苦痛，我要隨著新生兒和三個較大的孩子而調整我的生活，同時努力學習當一個在職的母親。這段成長過程有苦有樂，但它之所以成為事實，全是因為萊恩信守對孩子的承諾，而我也信守對他的承諾。

信任是與孩子共處的關鍵

CIA探員與他的線民之間，忠誠和信賴是條雙向道。同樣的，你和孩子之間培養忠誠和信賴最重要的部分，也必須是雙向進行。我們對孩子們釋出的訊息表達信任，而且，因為已經打好基礎，他們也信任我們。就如同我們保護線民的身分一樣，我們也會保護孩子的身分。我的意思是，大寶們知道他們可以告訴我們任何事，而他們告訴我們的事情，除非有法律上的責任，我們也會盡可能的來保護他們。一旦他們得到了這樣的保證，就更樂意敞開心胸，因為他們知道可以信任我們，就如同我們信任他們一樣。

舉例來說，其中一位大寶最近告訴我們一個關於派對變調的故事，因為小孩的父母親回到家後發現，他們的女兒趁他們不在家時舉辦派對。我們的大寶——這裡我只稱大寶，是刻意模糊以保護消息來源——告訴我們，他非常慶幸沒去參加那場派對，他說他事先就有不好的預感（他受邀但決定拒絕時，事實上並不知道這是一場沒有大人監督的派對）。在談話過程中，我們湊巧得知另一個友人的女兒參加了那次派對。過了幾天之後，我與這位友人共進晚餐，話題恰巧談到了那次派對，我問關於她女兒參加派對的事。

她說：「哦，她並不在場。幸好我們不讓她去。」接著，她稍微停頓一下，問：「為什麼你會問我？大寶跟你說她在那裡嗎？」她開始顯得不安。在我看來，很顯然她的直覺知道女兒可能沒跟她說實話。

「噢，不，我一定是弄錯了。我聽到他們說她去了，不過我可能搞錯了。」

我馬上擔心自己是不是說了不該說的話。我之前是不是真的聽錯或者搞錯了？大寶會不會不希望我洩漏這件事？無論如何，我得搞清楚。我藉口要上洗手間，然後打電話給萊恩。

「凱莉是不是參加了週末的派對？還是我搞錯了？」我問他。

「她去了，不過大寶忘了告訴我們，凱莉沒有跟她的父母親說。他們隱瞞了一些事情。」他跟我說。

「喔，糟糕，我剛告訴了她媽。我不知道要保密。」我說。

「不管你做了什麼，要確定不要讓凱莉發現是大寶告訴我們的。不然大寶再也不會信任我們了。」

糟糕！真糟糕！我要如何挽救？我總不能跟朋友說謊，我明知道真相還誆稱弄錯了。而且她太了解我了——等我回到位子上，她只要看我的臉馬上就會拆穿。她的女兒已經騙了她好幾天，堅稱自己沒有參加那場派對。如果角色互換，我應該會希望她告訴我真相。於是我如此跟她說：

「抱歉，安潔。我真不希望是我來告訴你這件事，不過凱莉去了那場派對。」

「我就知道！」她說，馬上拿起了手機。

「先等一下！拜託先別打電話或是做任何事。如果她知道我正和你一起吃晚餐，她馬上會知道是大寶洩的密，而且這並不是故意的，只不過剛好大寶告訴我們事情發生的情況。要是朋友的祕密計畫被他搞砸，他一定會覺得很糟糕。如果你揭穿了這件事，他就再也不會跟我說任何事了。我們會斷絕了溝通的管道——我們兩個都是。」

哇，我真的把事情搞砸了！我別無選擇，只能跟安潔清楚交代她女兒的行蹤，因為：一、我已經先把不該說的話說出了口；二、如果她知道和我孩子有關的事，我也不希望她會瞞著我。我必須不失禮貌。那我要如何阻止她打電話或是立刻回家，繼而把情況弄得更難收拾？

「拜託至少留到明天早上再說。」我向她懇求。

她嘆了口氣。「好吧，但是知道這件事卻要憋住不講真要命！」

等我一回到家，我立刻找了大寶。我可不能冒險讓這件事波及他們，讓他們以為我背叛了他們的信任。我解釋自己事先不知道必須保密，也告訴他們，現在我已經把不該說的話說出口了，要怎麼挽回和解決這個情況。

「沒關係——我沒說要保密。我知道。」大寶說。

「別擔心。她不會說是你說的。」我說。

處理這個局面有點棘手，其中有幾個原因。就算我一開始不知道這是不能說的祕密而說溜了嘴，難道我不需要換個方式讓安潔知道這件事？正如我前面說的，假如知道這件事的人是她，我也希望她會告訴我。不過，我必須把事情說清楚——我並不是說要聯絡所有孩子的父母，來確認他們是否都知道自己的孩子去了哪裡。安潔是我最親密的朋友之一，我們會彼此關心。如果情況發生在某個我不認識的父母、或是我不大熟識的人，我可能會覺得事不關己，也不會想著要如何透露消息。但是，在這裡的情況，就算是我知道孩子想隱瞞某些事，我還是得告知安潔。不過，我必須找個適當的方式透露訊息，同時又得保護我的消息來源——也就是大寶。如果所有資訊我都能事先掌握，我可以處理得更好，而不至於變成我的過錯。

在這類情況下，處理問題永遠不會有一個清楚、非黑即白、是非分明的答案。不過，我建議大家每次遇到問題，在決定如何處理之前，都別忘了要保護你的消息來源——也就是自己的孩子。如此一來，你才是把信賴關係擺在最優先的位置上。

✔ 教導孩子關於信任和忠誠的關鍵原則

教導孩子信守承諾最好的方法之一，就是你本身先落實這些原則。以下是我教導孩子忠誠與信賴的一些祕訣。

一、「我保證」這句話不要隨便說出口

限制你自己講這句話的次數，這等於是告訴孩子你不會輕言承諾。這種話有它的分量在，必須被認真對待。如果孩子對他要求的事有些掛慮或擔心，這句話可以讓他安心一點。前提是，這句話一說出口就有被認真看待的分量。

二、信守承諾

一旦你選擇說「我保證」，無論如何就要設法辦到。這有助於你的孩子了解，一旦說了這句話，它就是百分百確定的事。你跟你的伴侶或孩子如果做不到信守承諾，就沒辦法建立持久的信賴關係。如果發生了非你所能控制的事，讓你無法信守承諾，你需要和孩子溝通並讓他們理解。人生總有意料之外，我們畢竟只是凡人，難免忘東忘西。但必須分清楚的是，辦不到是因為你看待承諾不夠認真，或是因為事情太多、太雜而粗心忘記。在能力所及，不要輕易忘記或是打破承諾。在手機設定鬧鐘，在便利貼或甚至手上寫下要做的事，盡力做好你該做的事。

三、知道如何跟你的伴侶和孩子說對不起

這一點對建立互信關係而言非常重要。假如你犯了錯——而且為人父母難免會犯錯——就必須道歉。當萊恩和我有不同意見時，或是在孩子面前發生爭執時，我們一定會在孩子面前向對方道歉，即便我們已經默默解決了問題。我們希望讓孩子們看到我們和解的場面。同樣的，如果我們對孩子做了需要道歉的事，我們也會把尊嚴暫時放一邊，跟孩子說「對不起」。這一點讓身為繼母的我特別感到難堪，尤其是幾次我因為懷孕時荷爾蒙失調以致情緒失控的時候——相信我，沒有別的事比得上做了一開始自認合理，事後才明白自己已經抓狂，然後必須跟已經是青少年的繼子女道歉更讓人感覺難堪的了。

四、用明智的判斷力來決定要和孩子分享什麼事？分享多少？

有一些方法可以加強與子女之間的忠誠和信賴，但未必要分享一些不適合他小小年紀的祕密或私人訊息。善加運用你的判斷力，來決定要和子女分享哪些類型的資訊。每個家庭的情況都不一樣。舉例來說，一直到我長大以後，我母親才開始分享過去幾次總統大選她把票投給了誰。或許，這是世代觀念不同的問題，或者也可能是她個人判斷適不適合跟孩子分享。不過在我小時候，她總是要我別談宗教和政治的話題。在你家裡，你和伴侶可以自行決定，什麼是可以或不可以和孩子談的話題。

如果你已經和孩子分享過一些私密訊息，那就恭喜了！你已經開始和他建立互信的關係。在這個時候，你應該做到保護消息來源，盡可能避免破壞現有的進展。如果你還沒開始，要先明白，每次他信任你，或是你信任他，雙方就逐步往信賴關係前進。每一次你承諾某件事，而且說到做到，你就進入一個新的里程碑。這段過程會有一些灰色地帶，因為透露他人的訊息有時還要顧慮道德責任——當然啦，如果這個資訊和法律責任、規定有關，又要另當別論。在這種情況下，我建議你儘量對孩子誠實坦白，讓他了解為何你必須分享這個資訊，但你還是要盡可能保護你的消息來源。

我建議你，及早透過開誠布公的溝通方式，來實踐信守承諾的重要原則，讓它自然而然成為孩子觀看世界的方式。這有助於孩子在自己的人生中，與他人建立真誠的關係——不管是和同事、朋友、或是親密的伴侶。

15

追求完美辦不好事

減低你失誤的風險（並過自己的生活）

我曾覺得自己是個完美繼母——那是在我真的成為繼母之前。萊恩和我結婚後，我有如何養育大寶們的各種想法，我也非常希望把事情做好做滿。當然，我希望他們能喜歡我，更重要的是，我想跟自己、跟孩子們、以及跟每一個認為我一定是瘋了才會和一個離過婚又有三個孩子的男人結婚的人證明，我不只能夠做一個繼母，還能把這角色做得完美無缺。

一開始，我對大寶們的養育方式是遵循萊恩的指引。這不只包括整本書裡討論的CIA概念而已，我在各方各面都是聽他的。我們想要確保大寶們會接納我當他們的繼母，因此我們會仔細討論管教如何分工，以及作法。我也小心翼翼提醒自己保持冷靜，即使這是我最做不來的事，因為我心裡很清楚，我和他們的關係正在新的領域中試探、磨合。這需要花一點時間才能確立彼此的關係基礎。

我有時感覺壓力沈重而落淚。

「我沒辦法做到十全十美。」我會跟萊恩說：「我沒辦法每次都對孩子們做對的事或說對的話。你要體諒我搞砸的部分。」

「我從來沒有要你十全十美。」他總會這麼說。

「你沒有，但要是我稍微情緒失控，你就會很快的對我使眼色，或者我的手機就會震動，收到你在隔壁房間傳的簡訊，告訴我什麼該做或是什麼不該做。」我會這麼回答。

他雖然不否認，但仍堅持沒有人期待我事事完美；而我還是想努力做到完美。

當我肚子懷了阿里，荷爾蒙開始失調，一切努力都成了泡影，我沒辦法再時時刻刻控制情緒。我無法事先思量我所說、所做的一切，我經歷了我稱之為荷爾蒙暴衝的時期。我並不一定是針對大寶們，但有時還是在所難免。我自己也說不清楚到底發生了什麼事，因為我刻意封閉自己，其中最尖峰——或者應該說最低潮——的時刻，我甚至揚言要從車上「滾出去」，只因為我非常討厭萊恩去烤肉時穿的衣服；（感謝老天，孩子這回沒有在車上，而且我的口氣也不是認真的——至少，我覺得不是。但是，認真說，有誰會穿羊毛衣加一頂骯髒的棒球帽和拖鞋去參加烤肉會？）還有在廚房摔碎一個玻璃杯，把吸管杯丟在地板上（這是剛生產完不久發生的事）……這到底是哪來的怪物？我都要認不得我自己了。

接受不完美

我身為家裡的老三、也是老么，從小就知道要如何追求完美。看到哥哥姊姊犯了錯，我馬上會改進。我的父母從不必吆喝我做功課，或是幫我檢查作業。我自己製造了內在壓力，靠自己來完成一切——而且是完美達成。你可以想像，當我在十一年級獨獨有一科拿到A^-有多失望，因為這代表我會是高中畢業班的開幕典禮致詞代表，而不是我夢想多年的告別演說代表[5]。我在房間裡哭了好幾天，努力寬慰自己、讓自己釋懷。

這樣的人最後會擔任ＣＩＡ的工作，特別是當上分析員，並不讓人意外。當我

5 譯注：按照一般美國中學的慣例，畢業典禮的告別演說代表（valedictorian）是學業成績最優異的畢業生；畢業典禮的開幕致詞代表（salutatorian）則是功課次佳的畢業生。

開始在調查司任職，發現身邊有不少像我一樣的人。我們爭強好勝、有書呆子氣、博學多聞、有專業知識。在這樣的地方一起工作，我們為美國的安全和提供總統建議而努力合作。

身為分析員，他們的世界要比行動官更加黑白分明。分析如此大量的資料需要心思縝密和顧慮周全。撰寫情報評估報告需要的不只是專業，還要寫得簡明、扼要——我應該可以說，要寫得很完美。最重要的是，決策者想知道他們所閱讀的報告是準確無誤的。如果有任何不正確，絕對少不了一番批評檢討。萬一錯誤太嚴重，你甚至會被新聞報導冠上「情報疏失」的罪名。但請別忘了，每一個出了名的情報失敗，意味著有更多的情報成功，只是你不可能會聽到。在CIA分析員之間流傳的笑話是：失敗一定是情報的疏失，成功一定是政策的成功。

我這種完美主義的傾向，在CIA的分析員訓練過程中可能更被強化，因為分析員受訓時大半還是凡事求好心切的新進人員。我在CIA一開始是擔任外國媒體分析員，在轉任到調查司時已經在局裡工作一年半了。由於當時有大量新進分析員加入，所以我在新單位工作了幾個月之後，才有機會參加「分析員儲備計畫」（Career Analyst Program，簡稱CAP），也就是所有分析員必須接受的密集分析訓練。那時是二〇〇八年初，我負責下撒哈拉的非洲地區，定期要寫報告給總統。當我去受訓時，我對自己情報評估報告的寫作能力已經很有信心，我的觀點也比一些新進同事更加周全。

在CAP訓練幾個星期下來，我們進入了訓練課程最繁重、最緊張的階段，也就是情報的專案小組工作。它運作的方式如下：教官設計一個模擬的真實情況，例如一場恐怖攻擊。在幾天之內你收到一些情報訊息，你和你的團隊要針對情況作出分析評估，包括幕後主謀是誰、對美國的影響、以及美國介入的機會。（看過第九章關於寫作指導的各位應該覺得很熟悉。）你製作個人和團隊的報告，提供給美國總統和其他決策者，並向教官所扮演的美國重要領導人物進行個人和團隊的簡報。為了應付教官丟給你的大量資訊，往往需要工作到深夜。

我參加訓練課程時，已聽說有幾位分析員因為教官嚴厲的要求和無情的修改導致情緒崩潰。我並不希望自己落入這般下場。在訓練之前，我對自己寫作和簡報能力的自信，讓我可以用比較從容的態度看清整個過程。的確，他們要求你把情報評估和簡報做到完美，他們一再告訴我們，我們是菁英中的菁英。但在此同時，我知道我必須找到平衡點才能存活下去。例如有一天晚上，我們進行「不確定性與模糊性練習」（uncertainty and ambiguity exercise）。

「好，我今晚該做的做完了。」我一邊說一邊關電腦，準備離開教室回我的房間。我們住在一個未公開的ＣＩＡ訓練基地，住宿的房間裡頭都是一九八〇年代的傢俱和壁紙——說它是飯店可能有點勉強。這時已經接近晚上九點，我完成工作後，除了上床睡覺、等待明天早上重新進行練習之外，已經無事可做。

「你做好了？」坐在我對面的分析員肯恩說，語氣帶著驚訝和不可置信。

「呃，對啊……這是不確定性和模糊性的練習。不管我熬到多晚看這些情報，我也不會找到『正確』答案。」我說。

肯恩不知該如何回應。他和其他很多分析員一樣，認定只要他熬得夠久，把資料看完，他就能找出正確答案。他和其他追求完美的分析員常忽略的一點是，**正確答案並不存在**。這個練習是要學習如何處理不確定性，因為在情報分析上——坦白說，在人生許多事也是——你會遇到掌握的資料不夠、或是資料彼此矛盾的情況。你的工作是適當評估資料，在面對美國的決策者進行分析時，能夠準確表達訊息和你的自信程度。

我發現幾年之後，在接受行動司田野任務前的訓練時，保持這樣的心態同樣重要。在調查司的訓練裡，人們會強調你是菁英中的菁英，不過在行動司的作法就不大一樣。他們透過你在訓練中犯下的錯誤來改造你，因為從錯誤中學習，你才永遠不會再犯同樣的錯。如我前面提到，行動司希望在訓練裡體驗比真實人生困難一百倍的任務，如此一來當你在真實世界進行任務時，自然能駕輕就熟。同時，這也需要一點心態的調整，讓你不至於事事追求完美。

—萊恩說—

實驗的白老鼠

我在「農場」待幾個月後，訓練課程越來越接近真實狀況。我們正在學習一些幫助我們做出立即反應的新觀念。這天，我在角色扮演的練習中被選中擔任實驗的白老鼠，我負責應付一名飾演線民的教官。我們被安排在飯店裡會面，並聽取他的情報簡報。受訓的同學和其他教官透過玻璃牆觀看和聆聽我們的行動。經過一番寒喧之後，我的教官——也就是這位「線民」——開始在紙上寫了些東西，從桌上偷偷遞過來。紙上寫著：**噓……有人在偷聽，他們聽得到我們說話**。

在我看來，這應該是要透過適當言語擺脫危險狀況的一次練習。線民透過某個管道得知這個房間被人竊聽，我得確定自己沒有說出任何可能洩漏彼此身分的話，於是我繼續跟他閒話家常，期待在這個假設狀況裡，不要驚動正在進行竊聽的外國情報單位。這時候，教官再次寫了字條傳給我。這一回紙上寫著：**我好害怕，我們要怎麼辦？**

我繼續和線民輕鬆交談，基本上是完全忽視他傳紙條的行動，一方面因為我感到焦慮，另一方面是我當下最關注的是讓對話自然的持續進行，不要有突兀的暫停。再過了幾分鐘的對談之後，教官結束這次的練習，重回他的教官身分。他說我失敗了——我犯了嚴重的失誤。

我很快就學到，我該做的是在持續交談的同時，要拿那張紙寫下我要反問線民的問題。我應該寫的問題像是：誰在偷聽？你怎麼知道他們偷聽？同時我也應該導引他，對他下達指示，告訴他如何脫離這個情境。從後見之明來看，這些顯而易見是我該做的事，但是在緊張焦慮的時刻，有時就是無法清楚思考。儘管我知道，這是刻意設計要讓我失手的一個練習，但我還是太過在意有完美的表現，無法進行邏輯思考、或快速做出立即反應。我自以為天衣無縫，讓我無法以合乎邏輯和常識的行動，回應線民字條上的懇求。這天在房間裡的所有人，都因為我的失敗而學到寶貴的一課，教官們正是透過這種方式，確保我們每個人在真實情況裡，絕不會重複同樣的錯誤。

和調查司相比之下，行動司的訓練壓力有過之而無不及，因為你會知道每次練習都至少會有一個人失敗，你並不希望失敗的人是自己。你很容易在練習中像萊恩一樣突然失神，或是在辦公室裡熬夜加班把作業「做正確」，而不是為明天早上的訓練做必要的休息，特別是當你有完美主義的傾向。不過，我和萊恩從訓練過程中了解到的一點，那些熬夜撰寫任務電文的人，往往會因為疲憊不堪，無法成功完成隔天的訓練。他們會發現自己犯下愚蠢的錯誤，因為不夠警覺而忽略了路線跟監偵查這類的必要工作。

追求完美反而辦不好事——這個原則對行動官處理有豐富情報來源的線民時格外重要。撰寫情報報告時，如果你花太多的時間撰寫大量（沒錯，有時會有很多）佐證的相關電文，你很快就會感覺不堪負荷。過不了多久，這個案子就會占據其他案子的時間，以及你招募更多線民的能力。如萊恩前面提到，他有時候會借助於分析員，因為他們可能對案子帶來加乘效果——更別說分析員可以幫你分擔一些工作。對行動官來說，他們不可能是每個主題的專家，因此如果能夠有一個專家為他們做簡報並幫忙撰寫報告，何樂而不為？如此一來，他們可以專注撰寫任務電文，或是繼續進行其他的案子。我過去會覺得，這讓行動官變得偷懶，不過現在我明白，這實際上是非常聰明的作法。行動司的探員必須見樹又見林，學會如何分配案子的輕重緩急，並明白**夠好就好**。這個原則對為人父母者和對你的孩子來說也都非常重要。

✔ 為人父母是治療完美主義的良藥

我不只在有繼子女之前想做個追求完美的繼母；我有自己的寶寶之前，也想做個追求完美的母親。我在事前就構想好做為一個母親，有哪些是我該做和不該做的事情。我會盡早訓練嬰兒睡覺，讓我的寶寶們睡在自己的嬰兒床上；我絕對不在公共場所餵乳；我的寶貝會定時吃飯，如此我才能安排時間私下餵乳。此外，我絕對不敢帶我的寶寶去餐廳，餐廳是大人們想擺脫小孩時的場所。

當然，這一切隨著阿里的誕生全部煙消雲散。萊恩對此一點都不覺得意外，他已經經歷過三次照料新生兒的經驗，或許這一切都在他預期之中。和其他事情一樣，人們在真正置身於某個狀況之前，總以為自己胸有成竹。不過，我完全沒有料想到的是——萊恩也無法為我預作準備。我想成為完美媽咪而帶給自己的壓力，或許都要怪罪於社群媒體。還有什麼地方能看到光鮮亮麗的媽咪和如她一樣完美的孩子穿著搭調的服裝合照？（不過也不能太搭配，不然會顯得太過做作，對吧？）完美媽咪會幫自己的孩子安排活動，她們總是神采飛揚，成功經營自己的事業，傍晚五點準時把晚餐送上桌，沒有一絲頭髮出現凌亂。什麼完美媽咪？哦，她絕對不會因為荷爾蒙失控出現抓狂的場面。

在阿里剛出生的那段時間，每天晚上餵奶的那幾個小時，我都會滑手機，不斷的滑，再滑。我在IG看的貼文越多，我就益發焦慮和迷失。當了母親的我現在是什麼模樣？筋疲力盡、不堪負荷、焦慮、一點都不完美——這當然不是什麼完美媽咪，也不是什麼完美繼母。這段時間，我開始在網絡搜尋一些有關新手媽媽大不容易的公開討論。這讓我開始覺得身為人母，就像是獲准加入一個過去未曾認識的菁英姐妹會。不過，儘管這些女性用有趣的方式分享了當母親的共同困擾，她們的內容似乎也經過精挑細選。

二〇二〇年COVID-19疫情期間，在人人都得待在家的情況下，這種情況變得更加明顯。彷彿每個媽咪都需要在社群媒體上張貼所有她們為孩子們安排的「完美」活動，或是她們與孩子每天的例行公事。一些貼文開始在我的幾個媽咪朋友之間轉發：

媽咪A：各位，你們今天幫孩子安排什麼活動？我已經想不出來了。

媽咪B：我設計了動物的感官遊戲箱（sensory bin）。

媽咪C：我們在試驗我在IG上看到的新繪圖活動。連結在這裡。

媽咪A：這些看起來太麻煩了。還有什麼別的？

我：呃，我要讓我的孩子騎車去外面玩，我就坐在躺椅上看著。

媽咪B：唔……要不要把玩具放在冰水裡結凍，讓他們像考古學家一樣把玩具挖出來。

媽咪A：好主意，我來試試看。

等一下，我的答案是不是不大對勁？為什麼我沒幫我的孩子想出有趣的活動？我注意到，一些上班族媽咪朋友們，如今因為在家工作，在安排兒童活動方面大顯身手。她們急著讓孩子有事可做，也許是為了讓自己可以順利進行電話會議，但是我還是忍不住想，**是否人們真的以為母親在家整天就該做這些事？而且天天如此？**甚至更糟的是，**是否其他在家的母親真的每天就做這些事？是否我跟不上腳步了還完全沒有自覺？**當然，我會為孩子安排活動並陪他們一起進行，特別是在多雨的西雅圖，我們整個冬天都待在一起。而且，在疫情隔離之前，我們還不時會去博物館和動物園。但是，為什麼我現在會覺得有些地方需要改進？

我捨棄了過去追求完美的方式，開始學習如何退一步看待，尋找我們在ＣＩＡ學到的觀點。當我們完全投入在養育子女的工作時，我們全心全意相信自己必須做到完美，必須跟上社群媒體那些看起來完美的母親的腳步。不過實際的真相是，孩子並不需要我們做到完美。他需要我們有血有肉，需要我們教導他「夠好就好」。我希望我的孩子，能比多年前為了一個A^-而哭泣的我更有前途。不管這意味的是要關閉或控制你使用社群媒體，還是要丟掉讓你備感壓力的日常活動安排。你的目的是做你該做的事，取得平衡並建立健康的心態。

在這段時期，大寶們也因為疫情而進行線上學習課程。有天晚上我滑動螢幕，查看我們這個學區父母親的臉書群組貼文。有一則貼文特別引起了我的注意：一位母親說她高一的女兒對學校的新課程模式疲於應付，常常一天要花九到十個小時做學校功課。她想知道其他孩子是否有相同的經驗？我往下看底下的評論，每則評論都有類似的看法：「我的女兒也是花差不多的時間！真是太瘋狂了！」在我看了不下二十個評論之後，總算看到一則留言說：「這和我兒子的體驗完全不一樣。事實上，大部分時候我都覺得他沒有太多功課要做。」我如釋重負嘆了口氣。這比較類似我所知在同一所學校、同樣念高一的杭特所經歷到的情況。

不過，我還是感到有點驚慌，懷疑杭特是不是不夠用心？星期一學校把一週的指定作業貼上網後，他大概只用幾個小時的時間就把一整個禮拜份的作業都做完了。我們是不是該擔心他這學期的成績？我趕緊找他談一談。

「杭特，你是不是選了一些比其他同學更輕鬆的課程？我看到臉書上說，有些同學現在每天要花十個小時寫學校的功課。」

「喔，沒這回事。」他邊說邊揮手，一點都不在意的樣子。「有些同學就是什麼事都會想太多。」

「好吧，你確定你都有把功課認真做完？」

「是啊。」他說。

這正是**最完美的**（沒錯，這裡是個雙關語）例子，讓我知道，杭特已經理解了我們想要教導他的原則。

「不，你不能吃起司通心粉，因為你已經吃了披薩。」我告訴漢娜。

「好吧，不過你說我們可以分著吃啊。」她抗議。
「但是你選的是披薩，所以麗娜吃起司通心粉。」我說。
「我沒有選披薩。你說它分量不會太多，我還可以吃點別的。」她仍抗議。
「聽好了。從披薩沾到妳嘴巴的那一刻起，披薩就是你的了。事情已經過了。我不想再聽到任何討論。這個起司通心粉是麗娜的。」
「但是……但是……等一下。」
「**話題已經結束了！**」哇！我體內的荷爾蒙怪獸似乎再次發威了。好久不曾這樣了，但此刻「它」正在全力發飆。

漢娜和麗娜正在爭論誰可以吃鍋子裡剩下的起司通心粉，那是我為阿里和琪琪準備的食物。我們在家裡儘量不吃起司通心粉，主要是希望孩子們能和我們吃相同的食物，我們常吃的食物裡並不包括起司通心粉——不過，在家裡我還是會幫小寶們留幾盒，以應付不時之需。大寶們經常會爭奪誰可以吃小寶們吃剩的食物。如果剩下的分夠多，有時我會讓他們平分。但不管是什麼原因，在這特別的一天裡，我無法應付禿鷹們爭食通心粉的場面，於是我爆炸了。

「**夠了！**」我大吼：「**下一次，剩下的誰都不准吃。我要留下來隔天再給小寶**

們吃，不然乾脆通通倒掉！」這是靈魂出竅的體驗。我可以看到自己在大吼大叫，同時還一邊想著，到底你有什麼問題？不過就是起司通心粉。我轉頭看著萊恩，擔心我會看到他露出不同意的眼神。我轉身開始洗盤子。刷鍋子應該是消除心中殘餘怒火的安全好方法，對吧？

我等待著那無可避免的手機震動，萊恩想必會傳訊息來要我冷靜一下。他會說，不過只是食物而已，別這麼計較。不過這次，我感覺到他從我背後走來，用手臂環抱住我，親了我的臉頰一下。

「對不起。」我說：「我只是對他們為起司通心粉爭吵覺得煩透了，我討厭她跟我頂嘴。我跟她說不行，就是不行。」

「我完全同意。」他說。過了一會兒，我走到漢娜的房間跟她道歉。我知道這是溝通不良的結果，我也知道我反應過度。在敲門之前，我停下腳步。我可以聽到萊恩在房間裡輕聲和她談話，跟她解釋當大人說不行的時候，回應的態度必須有禮貌。我聽到她繼續反駁萊恩的話，頓時我覺得很感恩。我感恩丈夫在背後挺我，而且留給我空間釋放我的挫折感——容許不完美——也感恩繼女以對待她父親的方式對待我。這或多或少代表我被認可了繼母的角色。他們能夠自在的對我提出質疑，就像任何青少年挑戰他們的父母一樣——不管是親生或是繼養的。我還能多求什麼？

教導孩子關於完美的關鍵原則

正如我們不可能完美，孩子也不會。我們幫助他追求成功，但要先知道他有時也會失敗。在他失敗時，陪在身邊教導他，幫助他從錯誤中學習。事實上，犯錯可以學到最多。此外，也要幫助他了解「夠好就好」的道理。以下是幾個要記住的訣竅：

一、教導孩子做事要更聰明，而不是更努力

為了這個目標，可以安排好時間上的先後順序，同時也別擔心求助於人。如同萊恩利用分析員來協助他處理線民的大量情報，你也要學習如何運用其他的資源，並善用自己的時間。當你一心一意要把某個特定任務做到完美，你有可能在其他事情上出錯，甚至更糟的是，把自己累壞了。

舉個例子，阿里剛出生的時候，我覺得很難倚靠任何人來幫助我，結果就是把自己弄得疲憊不堪，超過身心的極限。並不是萊恩和大寶們沒有提供幫助——原因單純只是我沒有接受他們的幫忙。我想把一切做到**完美**，當然，要完美就非得我自己來不可。

經過這幾年，我已經學會開心接受來自所有人的幫助，不管是我寫作或健身時找大寶們幫忙照顧小寶們，或是請大寶們拿出洗碗機內的碗盤這類的家務事。這意味著，我必須放寬我對做事的期待標準（附帶一提：為什麼直到現在他們**都還不知道**做蛋糕的模子收在哪裡？）當然，他們沒辦法做到像我一樣的地步，但好歹他們把事情做完。一旦我們對追求完美的想法放寬，我們能完成的事情會讓人驚嘆。（我承認：這對我而言仍然天天都是考驗。）

二、向孩子示範何謂失敗和決心

我相信各位應該不覺得意外，我從很小開始就極力避免做我會失敗的事。（或許沒當上畢業典禮致詞代表的故事洩了底？）我不知道這到底是後天學習的行為，還是天生的DNA——我多半把它想成是後者，因為從阿里兩歲開始，我已經在他身上看出一些類似的傾向。我確定這是自然而然出現的情況，到某個階段開始，我會去避免一些我認定自己不在行的新事物——或者更糟的是，我會以一場慘敗收場。早在小學一年級的時候，我就會假裝頭痛，好在體育課的時候去醫務室休息，以避免那一天我必須參加足壘球或是其他任何的運動。一直到我為人母，才下功夫努力改變自己的這一面。為什麼呢？因為我不希望我的孩子們害怕失敗。

我回想這些年來我沒有去嘗試的事，特別是那些被自己剝奪了培養新嗜好和學習新運動的機會。誰知道呢？說不定其中有一些我會很拿手，也或者很不行，但世界並不是非黑即白。我們沒必要非得成為大明星或是大魯蛇，我們也可以在中間地帶，而且在理想狀況下，我們可以因此變得更多才多藝、變得更好。

我當了母親之後，在努力發掘新興趣的過程中——可以稱為我的「水肺潛水」——決定要學會無繩滑浪（wakesurf）。那個夏天，每次我們去坐船我幾乎都會嘗試滑浪，一次往往滑一個小時。大寶們可以說是天生好手，幾乎馬上就學會，他們看著我一次又一次跌進水裡，盤算著我這折磨人的表演不知還打算進行多久。不過我馬上又游回板子上並大喊：「預備！」萊恩則再次發動引擎準備再次出發。每一次我都告訴自己，我這麼做是讓孩子們看到：一、對某件事不在行，並不算什麼大問題；二、學習新東西永遠都不會太晚；三、在人生中失敗時（就像現在這樣滑浪失敗），我們可以再試一次。我要很驕傲的說，經過一整個夏天展現決心，我的滑浪能力有了很大的進步，或許我放掉繩子的時間不超過三十秒，但是已經夠讓我開心又驕傲。這對我而言就夠了——至少目前是如此。

什麼是你的無繩滑浪？你能用什麼來當作你的孩子失敗和展現決心的榜樣？有沒有什麼事情是你們可以共同或是個別嘗試的？向孩子展示，學會一件不是自己天生拿手的事有什麼意義。鼓勵孩子嘗試新鮮的事物，或從事並非他擅長的活動。或許現在你還不理解，但是進行這類的示範——或在孩子小時候給他嘗試的機會，可以影響未來培養新嗜好和新興趣的態度。

三、幫助孩子們知道什麼時候「夠好就好」

我承認自己花了好長一段時間才接受這個觀念，這或許是因為長久以來我常把「做到最好」當成座右銘。不過我必須說清楚，我們說夠好就好，意思並不是說萊恩和我不期待孩子有傑出的表現。事實上，我們當然期待。二〇一九年，我們希斯伯格家的年度主題就是「完全制霸」——在學校、在運動、在工作、在人生各方面。我們說夠好就好的意思，是教導孩子們如何有健康、均衡的態度，就像杭特在進行線上學習課程所展現的態度。舉例來說，如果你注意到孩子花在寫學校功課的時間，比你所知其他孩子花的時間多了好幾個小時，就需要跟孩子談一談，試著找出原因。是否某些科目需要額外的協助？或者時間管理有問題？另一方面，這也不是讓孩子偷懶的藉口。的確，他沒必要做到完美，但是他必須盡力而為。要幫助孩子學習找出自己最好能做到哪裡——這是很微妙的平衡，他需要你的協助來學會這一點。

記住，追求完美辦不好事，這個概念要從你身上做起。當你為自己建立了一個較均衡的模式，而不是一味追求完美，等於是告訴孩子**他也能做得到**。當他越來越不害怕失敗，嘗試新事物時就能更有信心，也更能擴展技能和知識的廣度。想想看，這樣一來會有多少「我倆真有緣」的材料！

結語

「我不想穿那件，媽咪。我要穿這件！」阿里說話的同時，從他的衣櫃裡拉出他的條紋扣領襯衫。

「確定要穿這件配你的短褲嗎？今天會很熱喔。」我告訴他。

「是的，我要穿這件！這是我的間諜襯衫。」

「咦？」我好奇。

「是的，長官！」他得意的說。

我搞不懂為什麼那件襯衫變成了他的「間諜襯衫」，不過它跟萊恩上班時偶爾會穿的襯衫有點類似，我只能猜一定是這個緣故。我決定隨他高興，反正如果天氣太熱，他還是可以脫下來只穿內衣就好。我怎麼能否決他的間諜襯衫呢？

萊恩和我決定，不必等到阿里和琪琪滿八歲，就可以告訴他們我們曾當過間諜。我們在阿里還是嬰兒時就討論過，畢竟我們都已經開始寫這本關於間諜的書，還要保密已經不大可能。我知道他們分別才只有四歲和兩歲，不了解間諜真正的意思，但我知道總有一天他們會懂。

另一方面，大寶們已經上了中學並且準備要考大學，已經有很多時間去理解我們曾經身為間諜的事實，也了解我們已經竭盡我們所能，把CIA的技巧傳授給他們。我和萊恩認識的時候，他並沒有考慮再婚或是找人幫忙養育孩子。事實上，做一個全心投入的老爸讓他相當自豪，他很有自信已經找出如何養兒育女的適當方式——沒錯，他努力讓孩子們具備安全意識和多元均衡發展，不過他最關注的是創造讓孩子勇於冒險的機會。這只有仰賴他在CIA執行任務的經驗才能辦到。萊恩不只一次坦承，過去他從沒想到CIA分析員的觀點正好補足了他的育兒方程式。這些年來他終於了解到，有CIA背景的伴侶正是教養子女的好搭檔，有時候還能幫他的作法提供調和與約束。

對我而言，和萊恩一起參與這套脫胎自CIA的育兒術，代表著我養兒育女可以充滿力量而且心平氣和，不致充滿焦慮、不確定、和一味渴求完美。除此之外，我可以借助自身的CIA訓練和經驗，用過去從未設想過的方式來運用它。有些時候我們夫妻處理問題的方式或許不同，這是由於我們在CIA背景以及個性上的差異，但我們是站在同一陣線。這一點，你現在讀到的這本書就是最好的印證。事實上我們仍然在學習中，每天也有新的挑戰，以及更多可以運用CIA的原則來教導孩子的新方法。

我期待各位也能運用這些我所分享的技巧，把你的孩子塑造成具有安全意識、有自信、均衡發展的個體。同時，我也希望幫助你心平氣和，化解一些焦慮。你的孩子不可能做所有事都百分之百正確——天啊，我們也做不到——他也不可能完全牢記所有這些原則。正因如此，不斷耳提面命和充分理解是非常重要。雖然我們無法幫他移除所有的危險，但除了期待他避免風險之外，我們還是可以幫他減少實際生活中的風險。我們可以提供保障安全所需的技能，為人生各種可能出現的情況預作準備。

這些方法可以運作良好的原因之一，是我們與孩子們就這些觀念做公開討論。

我鼓勵你們也這樣做。我們向孩子開誠布公說明我們的意圖。舉例來說，我們不時提醒大寶們，我們的目標是確保他們成為成功的青少年，未來成為成功的成年人，同時我們也堅信這些原則會讓他們達成目標。當然，他們聽到我們打算寫書時哄堂大笑，因為儘管他們知道我們過去是間諜，但對他們而言，我們只是老爸和老媽。不過，話說回來，當你是青少年的時候，你的父母對所有事到底又懂多少？這趟旅程，不論對我們或是對他們而言，都還沒有結束，但是我們有信心他們會非常仰賴這些安全意識技能和多元發展，來幫助他們持續走在人生的成功道路上。

對於阿里和琪琪來說，這趟旅程更談不上完成。未來幾年，期待大寶們離家上大學後，我們也為小寶們準備各式各樣的冒險，繼續教導他們這些ＣＩＡ的技巧，為迎接這個世界做準備。萊恩和我經常覺得阿里和琪琪很幸運，打從他們一出生就由我們夫妻兩人共同養育。不是一個、而是兩個當過間諜的人做為他們的父母，為他們人生的成功方向打造一套很獨特的養育方式。小寶們或許不像大寶們一樣，在小時候可以和萊恩一起在國外生活，不過我們已經等不及要帶他們去一些我們最喜愛的地點，讓他們了解如何像間諜一樣旅行。我對非洲依舊念念不忘，也期待以母親的身分而不是ＣＩＡ探員的身分重回非洲，我可以跟孩子們興高采烈的介紹這片我曾盡情揮灑生命的土地。我已經開始為阿里和琪琪做準備——事實上，我們在遊戲時不時會搭著想像的飛機到非洲去。無庸置疑，我想念我在ＣＩＡ擔任分析員的日子，不過如今最讓我感到興奮的，是現在嶄新且截然不同的人生階段，而它與在ＣＩＡ的這段日子脫離不了關係。

在外面帶孩子玩的漫長一天結束後，我已經完全忘了間諜襯衫這回事。直到晚上萊恩和我就寢前我才又想起來。

「你想想看，我們在ＣＩＡ的時候，阿里和琪琪根本還沒出生。」我說出我心裡的想法：「感覺在他們出生之前，我們有著完全不同的人生。」

「是啊，你說得對。他們會相信我們嗎？」他問我。我們一起大笑。有時連我們自己也不相信。

國家圖書館出版品預行編目 (CIP) 資料

CIA 探員教你培養高應變力的孩子——獨立機智、溝通自保、快樂自信是孩子一生受用的至寶 / 克莉絲緹娜 . 希爾斯伯格 (Christina Hillsberg), 萊恩 . 希爾斯伯格 (Ryan Hillsberg) 著 ; 葉中仁譯 . -- 初版 . -- 臺北市 : 遠流出版事業股份有限公司 , 2021.10

面； 公分

譯自 : License to parent : how my career as a spy helped me raise resourceful,self-sufficient kids.

ISBN 978-957-32-9294-4(平裝)

1. 親職教育 2. 育兒

528.2 110014926

CIA 探員教你培養高應變力的孩子

獨立機智、溝通自保、快樂自信是孩子一生受用的至寶

作　　者：克莉絲緹娜・希爾斯伯格（Christina Hillsberg）
　　　　　萊恩・希爾斯伯格（Ryan Hillsberg）
譯　　者：葉中仁
總監暨總編輯：林馨琴
資深主編：林慈敏
責任編輯：楊伊琳
封面設計：謝佳穎
內頁設計：邱方鈺
行銷企畫：陳盈潔

發 行 人：王榮文
出版發行：遠流出版事業股份有限公司
地　　址：臺北市中山區中山北路一段 11 號 13 樓
　　　　　客服電話：02-25710297
　　　　　傳　　真：02-25710197
　　　　　郵　　撥：0189456-1
著作權顧問：蕭雄淋律師

2021 年 10 月 1 日　初版一刷
定價　新台幣 420 元（如有缺頁或破損，請寄回更換）

ISBN 978-957-32-9294-4

遠流博識網　http://www.ylib.com/
　　　　　　E-mail：ylib@ylib.com